建築の仕組みが見える

Mechanism of architecture

X-Knowledge

マンガでわかる木造住宅

原作／森山高至　漫画／高村しづ

07

マンガでわかる木造住宅

目次

本書は2018年12月に発行された「ストーリーで面白いほど頭に入る 木造」を再編集したものです。

編集協力 キャデック
漫画協力 アミューズメントメディア総合学院
カバー・表紙デザイン 名和田耕平デザイン事務所
カバーアートワーク みずの紘
組版 天龍社

西暦二×××年——日本
地球環境の悪化に伴う木材生産の困窮はわが日本においても深刻な問題である
かつては盛んであった木造建築も今ではほとんど行われずむしろ希少な文化資源として博物館に展示されているのが現状だ
加えてこうした保存木造建築の補修にも現在では素材・技術ともに事欠く有様である——
そこで…だ
………コードナンバーX006号 白鳥《しらとり》茜《あかね》調査員

※CMSP=コンパクト・マルチ・スーパー・コンピュータ

すべての連絡およびデータ転送はそれで行う
あのっ 審議官!! 私、来週から「食の未来……
さらに!!
時空ジャンプのスリープ時に君の脳に当時の社会状況を直接インストールしておく
や! でも会議に欠席…
そして! 追加のサポートデバイスも用意してある!!
聞いてます!?
コルビー!
Yes Sir!!
キャ
カワイイーっ!!
絶滅した生物の一種「犬」モデルのロボットだ
当時の人々と共生していた小型犬のスタイルならば怪しまれずにあらゆる面からのサポートが可能だろう
お前コルビーっていうの?
……気に入ったかね?
はい!!
ガルッ
気安く触るな!
ではっ 健闘を祈る!
……へっ!?
ダマされたな お前…

ブッ ブッ
来週には学会があってそこで認められたら
研究費用だってたくさんおりて…
もう観念しろって…
さて 白鳥君 いまさらながらの確認事項だが——
われら「時空調査機関タイムゾーン」といえども未来を改変する行為は
耐ショック防御壁作動!!
ゴゴゴゴ
時空粒子注入3分前
発酵食品の研究が……
キイイイイイイ
ホワイトホール出現っ!! 作業員はジャンプルームより退避せよ!
何か言ってますが…
問題ない!
私の…
管制官オールグリーン
私の…

第一級禁則事項
として固く禁じ
られている
そこだけは
忘れぬように
恨みますよ
審議官…
…何の話
だね
ファイヤー!!
私の
納豆菌
――っ
!!

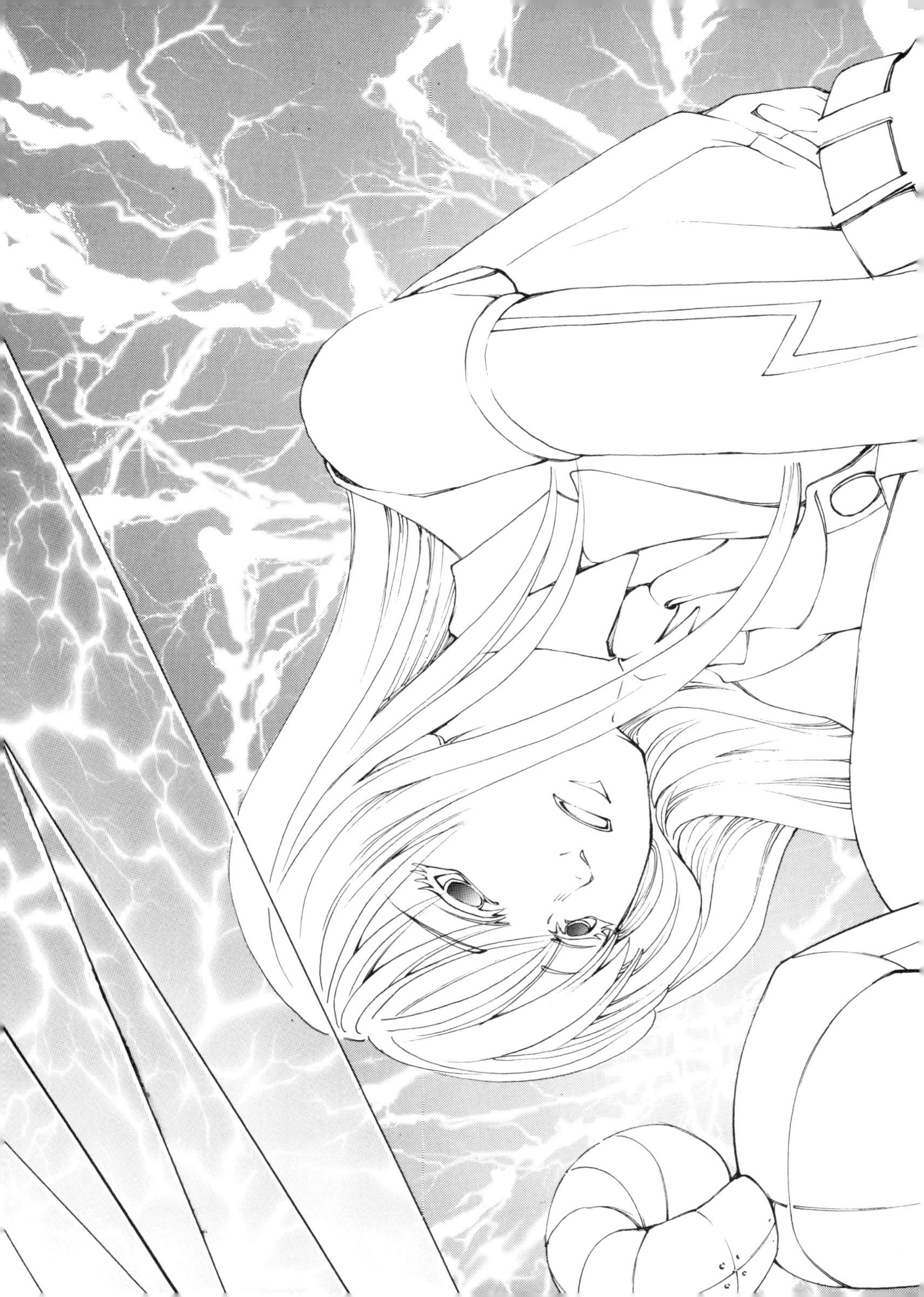

パッ
ほぇ!?
バシャーン
ぷはぁっ
ザバッ
おやおや!!
あの子天井から降って来たよ…
あんた着替えも持ってないのかい?
はぁ……
呆れた子だね一体どうやって来たのさ!
いゃ～無理矢理というか……
はぁ!?
…大丈夫かいあんた……
ところでここは…
……お寺?
どう見ても銭湯だろ…

なんだい！
檜工務店《うち》に
用があるなら
先に言っとくれよ！
すみません
檜工務店会長の妻
檜きん
それにしてもあんた
みたいな若い娘が
大工仕事に興味ある
なんてねぇ〜
えへへ…
茜！
探したぞ!!
コルビー!?
審議官
ひどいですよー
コソコソ
いきなり裸で
水の中って!!
多少の手違いも
ある！
それより報告は
怠らないように!!
では健闘を祈る
ピッ
あっ！
あんた
コルビーって
いうのかい？
賢そうな
犬だね…
ワン♪
なに…
この仕打ち
ガウッ
おい！
行くぞ!!
ちょっと
何してんだい
おいてくよ！
あの家もうちが
建てたのさ！
立派なもん
だろ〜〜？
……

ほう！
木造建築の勉強にねぇ!!
檜工務店
——って割には銭湯を寺って言っちまうようなおかしな子なんだけどね
かっかっかっか
そりゃおもしれー！
まぁここに来たのも何かの縁だ！
しっかり学んできな！
檜工務店会長
檜甚《ひのきじん》五郎《ごろう》
よろしくお願いします
ワン
ほほー
お前も学ぶか
犬っコロ!!
ますます
おもしれー
とりあえず中で歓迎会だ！入んなっ!!
あんた呑みたいだけだろ!!
檜工務店
えへへ〜
ガンバルゾー
オー
……

第1話 基礎・土台

コンクリートは一発勝負

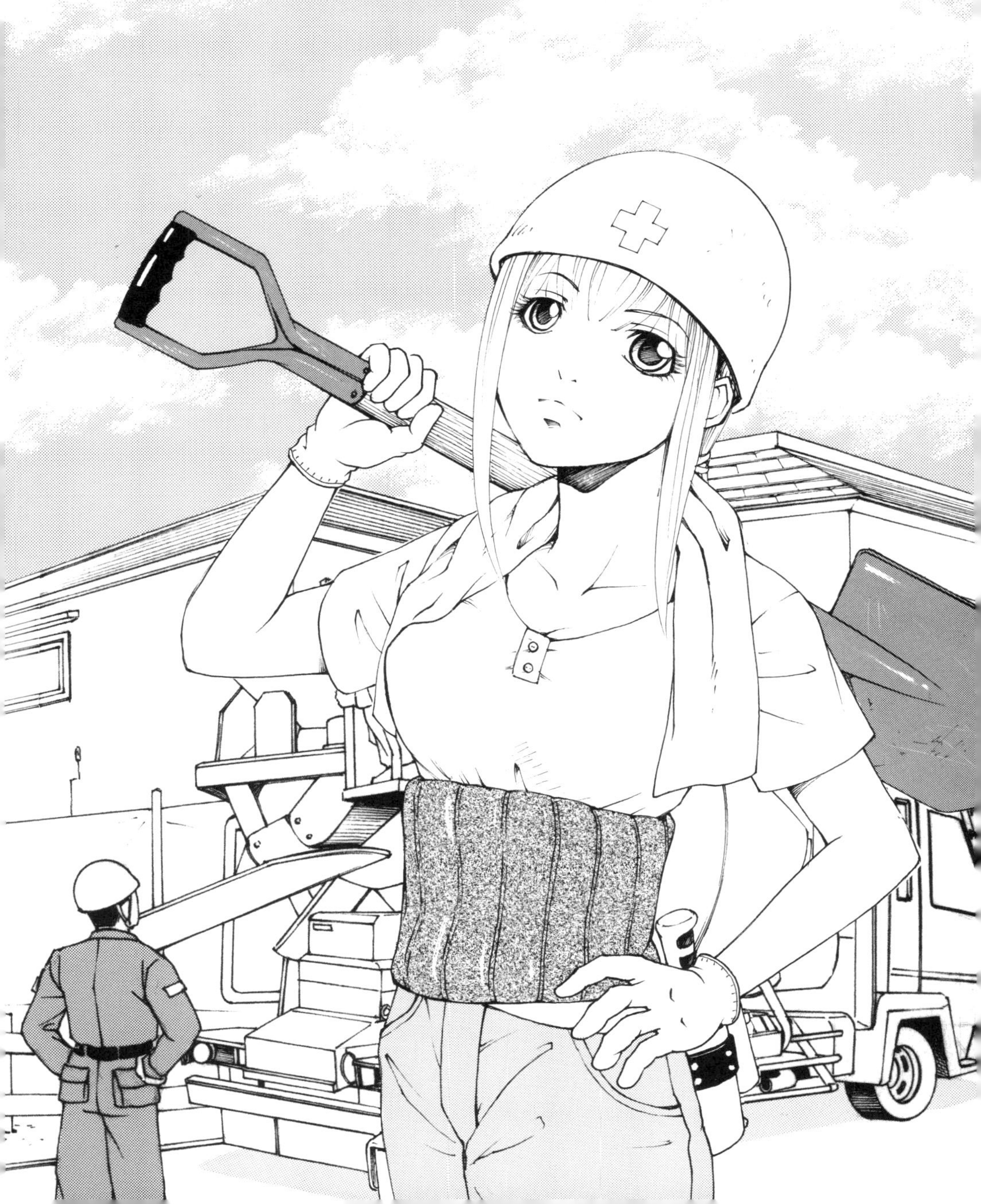

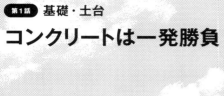

ん…
…これは
…確か…特別天然記念物の…
アキタ…スギ…だっけ？
——の一枚板をぜいたくに使った…
う゛〜〜…
あたまいたい…
竿縁《さおぶち》天井!!
って、ここどこ？
うぅ〜
頭もおなかもグルグル〜
ずりずり…
でも、いい匂いには敏感な私…

おおっ！朝ごはん
あらっ、起きたの？昨日のお酒が残ってるんじゃない？
？
はい！お水
あ、どーも！
昨日？
覚えてない？
お義父さんたちとずいぶん盛り上がってたわよ
茜！呑みまーすっ
ホントはねぇ〜あたしの専門は食品なのよぉ…
それがさぁ〜あんのクソ上司！
現場監督は私がやるっ！
ついてこい！野郎ども!!
あたしの酒がぁ呑めないのぉああんっ!!
あっはっは〜
まいったねこりゃ
はいお弁当
それからここに来いってお義父さんから
杉田町2-15米田様
コルビーちゃんもお待ちかねよ
ワン
オセーヨ!!
では早速時空ジャ…
お着替え中
※ちょっと待ってね
ドーンッ
バカッ！
正体バレんだろ!!

杉田町現場
午前10時
パチッ
よーし
そろそろ
一服するぞ
昨日の子
来るんすかね？
茜ちゃん？
どうかねぇ～
俺、途中から
記憶ないん
すよぉ～
社長は
最後まで
呑んだんすか？
ああ
多少な
呑み負かしたとは
言わないがお前らの
仇はとったぜ
おいおい 母ちゃんに
首根っこつかまれて
布団に放り込まれた
奴はどいつだ？
親父～
タッ
タッ
タッ
…にしても
木造建築の現場を
学びたいって
あの子どんだけ
本気なんす
かねぇ～
すみませ～ん
…って本当に
来ましたよ
茜ちゃん！
…

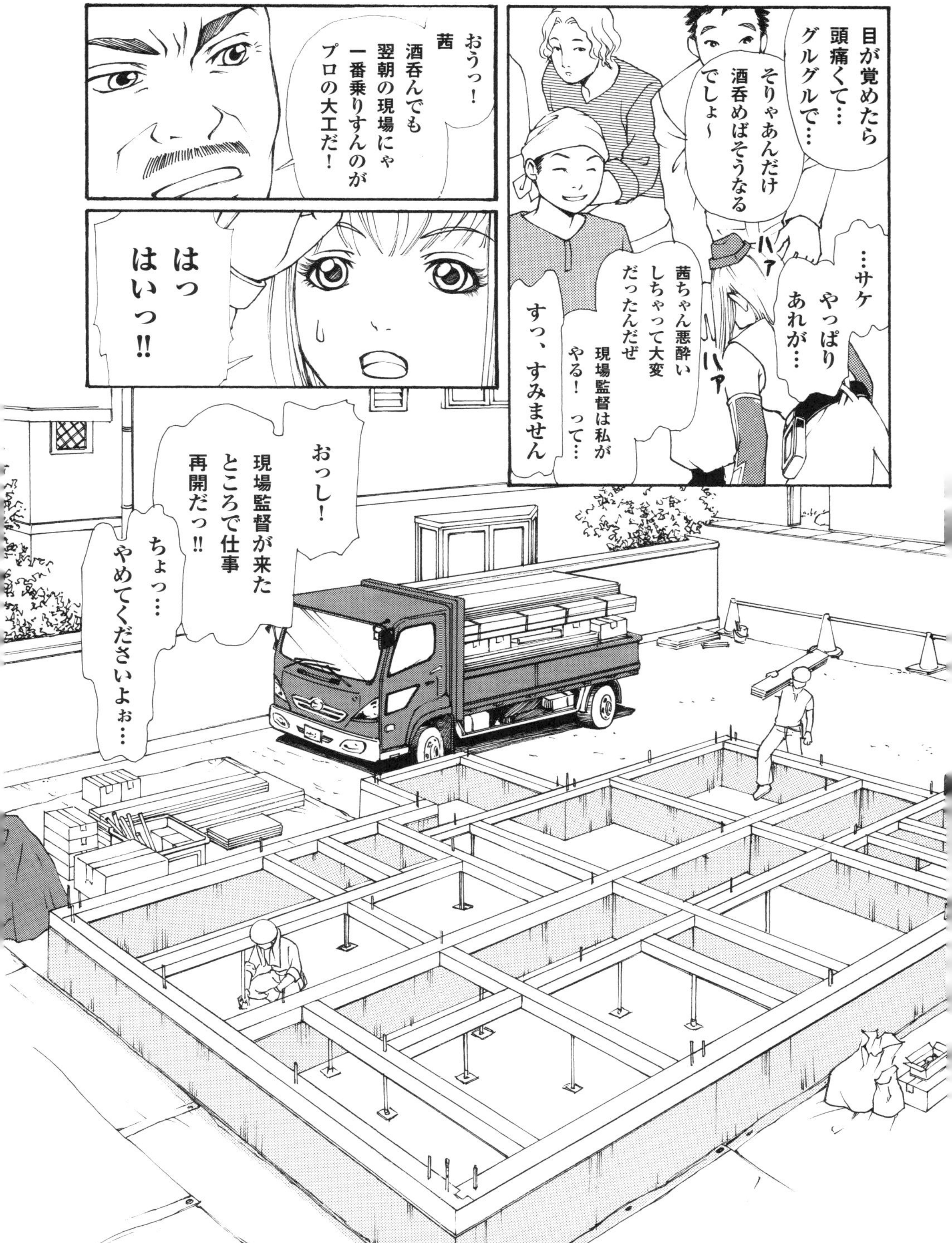
目が覚めたら頭痛くて…グルグルで…
そりゃあんだけ酒呑めばそうなるでしょ～
ハァ
ハァ
…サケ やっぱり あれが…
茜ちゃん悪酔いしちゃって大変だったんだぜ
現場監督は私がやる！って…
すっ、すみません
おうっ！ 茜 酒呑んでも翌朝の現場にゃ一番乗りすんのがプロの大工だ！
はっ はいっ!!
おっし！ 現場監督が来たところで仕事再開だっ!!
ちょっ… やめてくださいよぉ…

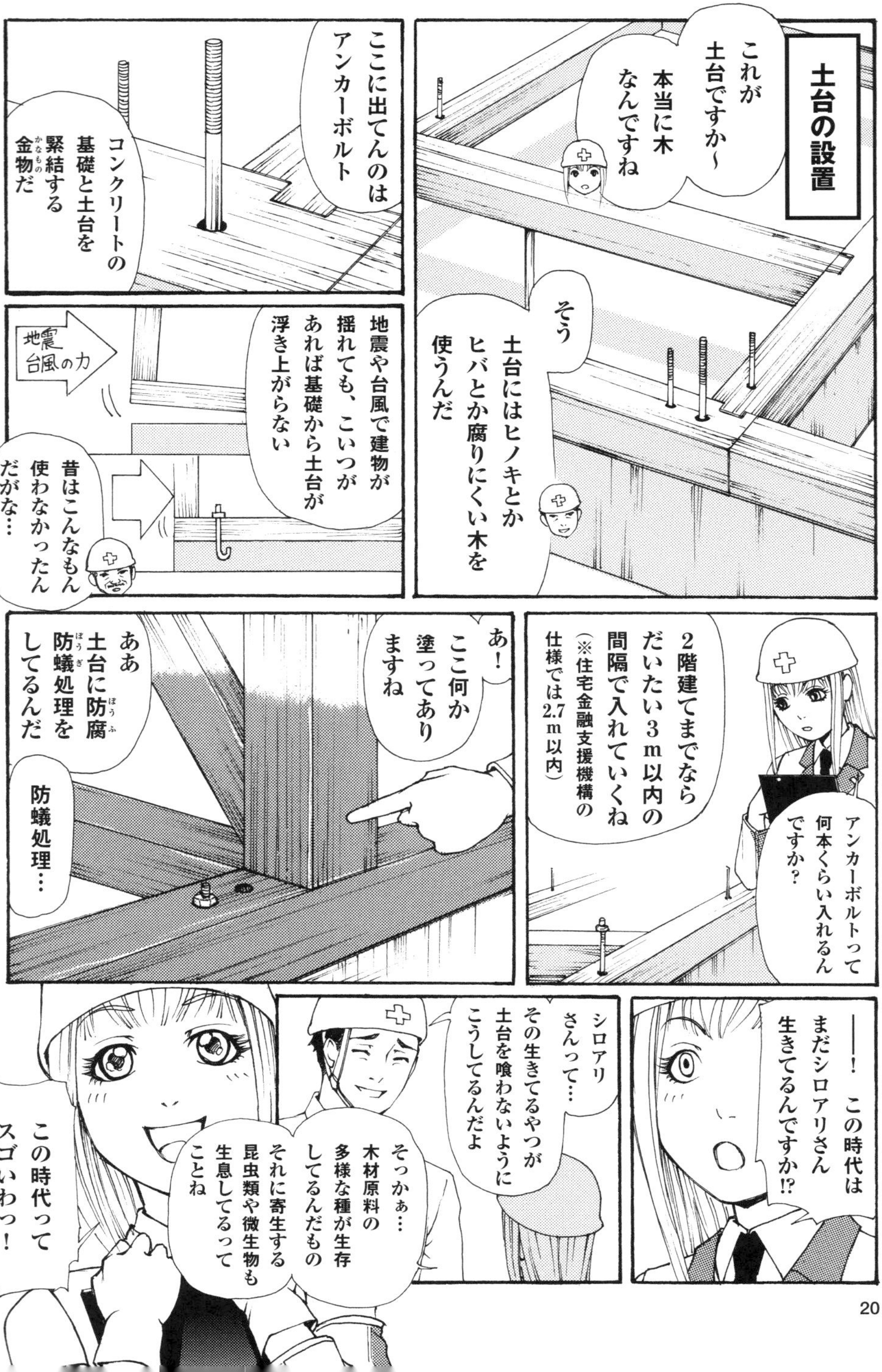
土台の設置
これが土台ですか~
本当に木なんですね
そう
土台にはヒノキとかヒバとか腐りにくい木を使うんだ
ここに出てんのはアンカーボルト
コンクリートの基礎と土台を緊結する金物《かなもの》だ
地震や台風で建物が揺れても、こいつがあれば基礎から土台が浮き上がらない
地震
台風の力
昔はこんなもん使わなかったんだがな…
アンカーボルトって何本くらい入れるんですか?
2階建てまでならだいたい3m以内の間隔で入れていくね
(※住宅金融支援機構の仕様では2.7m以内)
あ! ここ何か塗ってありますね
ああ 土台に防腐《ぼうふ》防蟻《ぼうぎ》処理をしてるんだ
防蟻処理…
――! この時代はまだシロアリさん生きてるんですか!?
シロアリさんって…
その生きてるやつが土台を喰わないようにこうしてるんだよ
そっかぁ… 木材原料の多様な種が生存してるんだものそれに寄生する昆虫類や微生物も生息してるってことね
この時代ってスゴいわっ!

土台と柱の設置

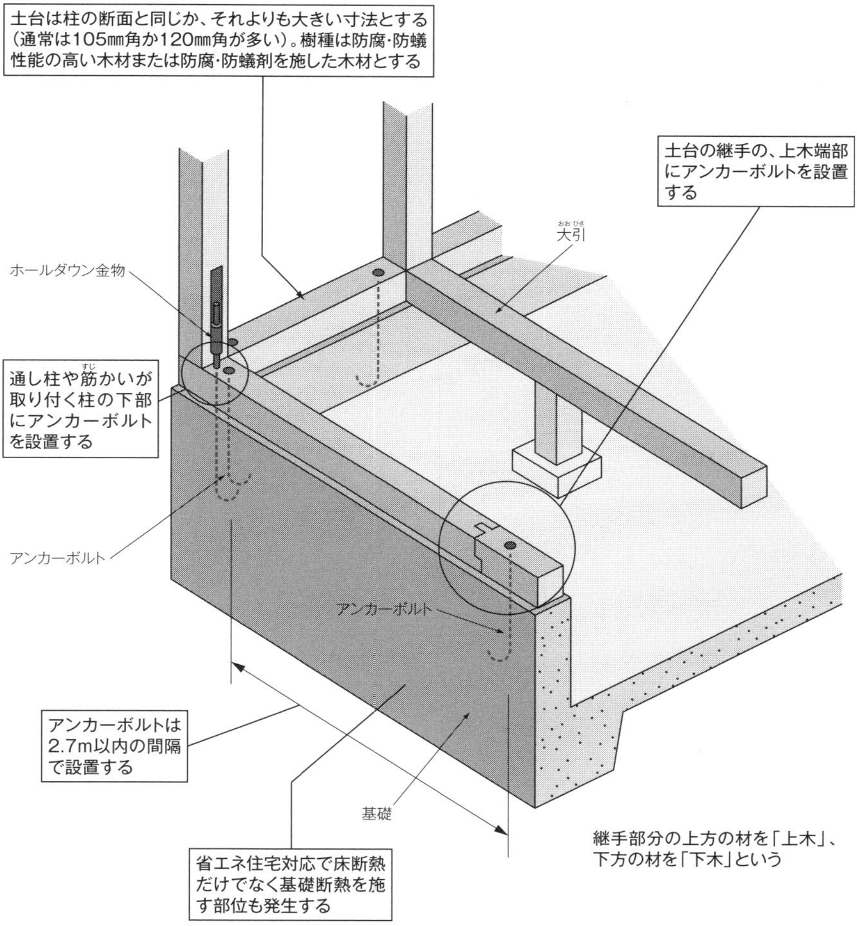
土台は柱の断面と同じか、それよりも大きい寸法とする（通常は105㎜角か120㎜角が多い）。樹種は防腐・防蟻性能の高い木材または防腐・防蟻剤を施した木材とする
土台の継手の、上木端部にアンカーボルトを設置する
大引《おおびき》
ホールダウン金物
通し柱や筋《すじ》かいが取り付く柱の下部にアンカーボルトを設置する
アンカーボルト
アンカーボルト
アンカーボルトは2.7m以内の間隔で設置する
基礎
継手部分の上方の材を「上木」、下方の材を「下木」という
省エネ住宅対応で床断熱だけでなく基礎断熱を施す部位も発生する

土台のチェックポイント

- ☐ 材料の番付とプレカット加工図に違いがないか
- ☐ 基礎の天端《てんば》のレベルは良好か（誤差は ±3 ㎜以内）。誤差がある場合はパッキンなどで高さを調整する
- ☐ アンカーボルト、ホールダウン金物の位置は正しいか。曲がり、歪みは修正したか

ね…コルビー ちゃんと映像 記録してる？
ひそ ひそ
ちっ 俺のスーパー・マルチ・ビジョン・アイを ナメてんのか？
バッチリ だぜ！
茜ちゃん コルビーと 遊んでるヒマ ないよっ
あ すみませんっ
檜工務店社長 檜振一郎《ひのきしんいちろう》
ところで社長 土台の下はなんで コンクリートに するんですか？
なんでって…近頃は 基礎はみんな コンクリートって 決まってるんだ
木や石じゃ ダメなんですか？
ダメっていうか そういうもの なんだよ…
昔は石の上に 束を立てて 土台を載せたり
土台
束
石
石の上に直接 木の土台を 載せたり したんだがなぁ…
確かに古い神社や お寺の基礎は コンクリートじゃ ないなぁ
でも、そうすると 地震や台風のとき 土台が基礎から ズレて
建物が傾いたり しやすいんだ
そうだ！ いま基礎の鉄筋を 組んでる現場が あるからそっちを 見に行ってみる？
はいっ

基礎コンクリートの配筋
おっ　社長！　お疲れさまです!!
そっちが例の？
あぁ　茜ちゃん　親父が気に入っちゃってさ
酒が超強ぇって噂だぜ!!
もぉ！　なんで知ってるんですか　二度と呑まないですよ
あんな液体!!
ははは　ここまで噂になっちゃあ　今度の宴会は大盛況だな
それより　これってただの鉄の棒ですよね？
なんで鉄棒じゃなくて〝鉄筋〟って言うんですか？
うーん　なんでだろ　でも昔から鉄筋だぜ
いえ！　これは鉄棒ですよ　鉄の筋肉といえば　西暦２０３５年に篠原重工が初めて実用化した…
茜さんって…　マンガおたくっすか？
あの服装もコスプレっぽいし
…さぁな
…んなことより　テツオ！　ベタ基礎の配筋　そこだけ広くなってんぞ　ちゃんと２００メッシュの確認しとけよ
やべ！　ホントだ　長方形になってるわ

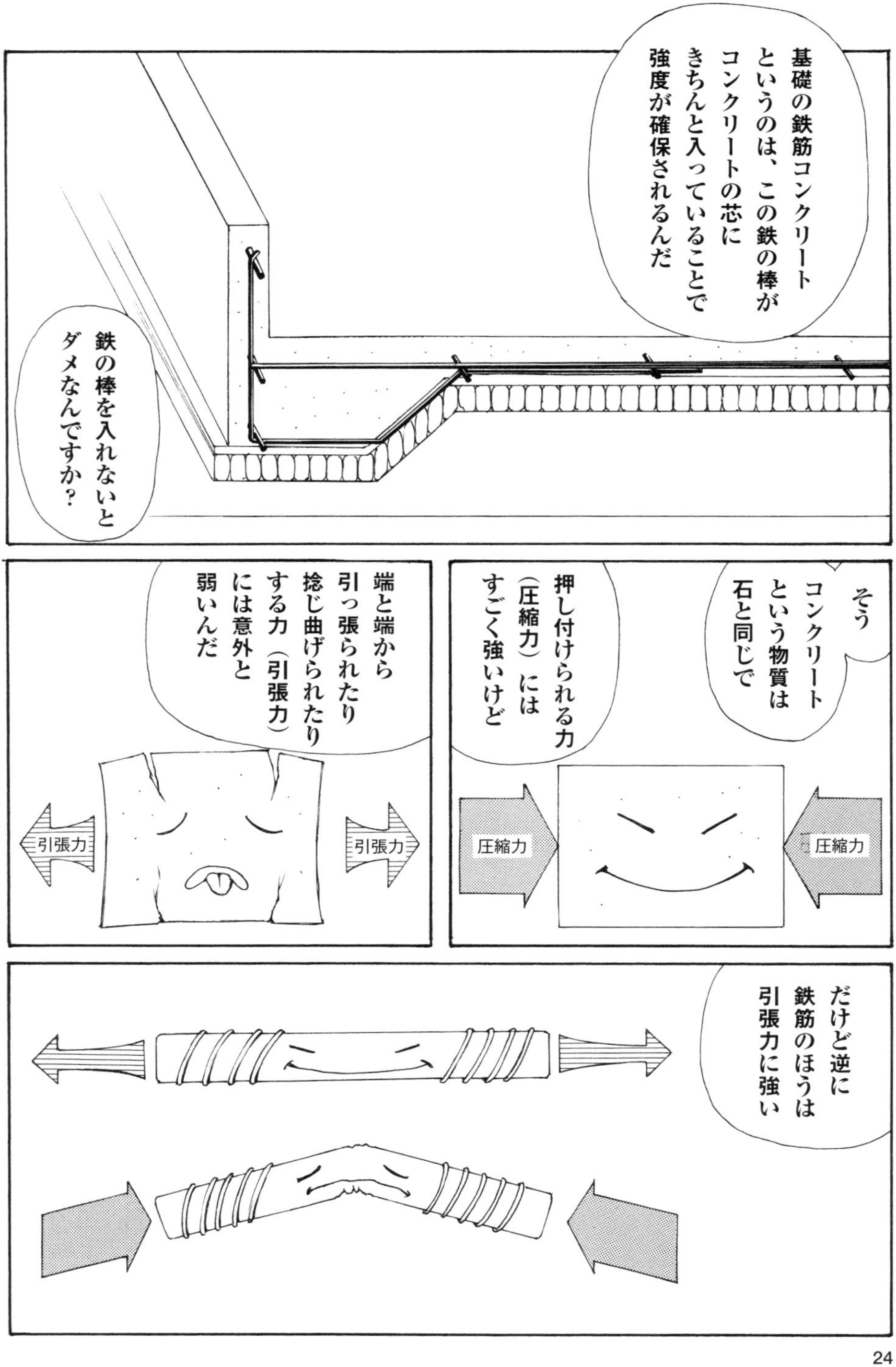
基礎の鉄筋コンクリートというのは、この鉄の棒がコンクリートの芯にきちんと入っていることで強度が確保されるんだ
鉄の棒を入れないとダメなんですか？
そうコンクリートという物質は石と同じで
押し付けられる力（圧縮力）にはすごく強いけど
圧縮力
圧縮力
端と端から引っ張られたり捻じ曲げられたりする力（引張力）には意外と弱いんだ
引張力
引張力
だけど逆に鉄筋のほうは引張力に強い

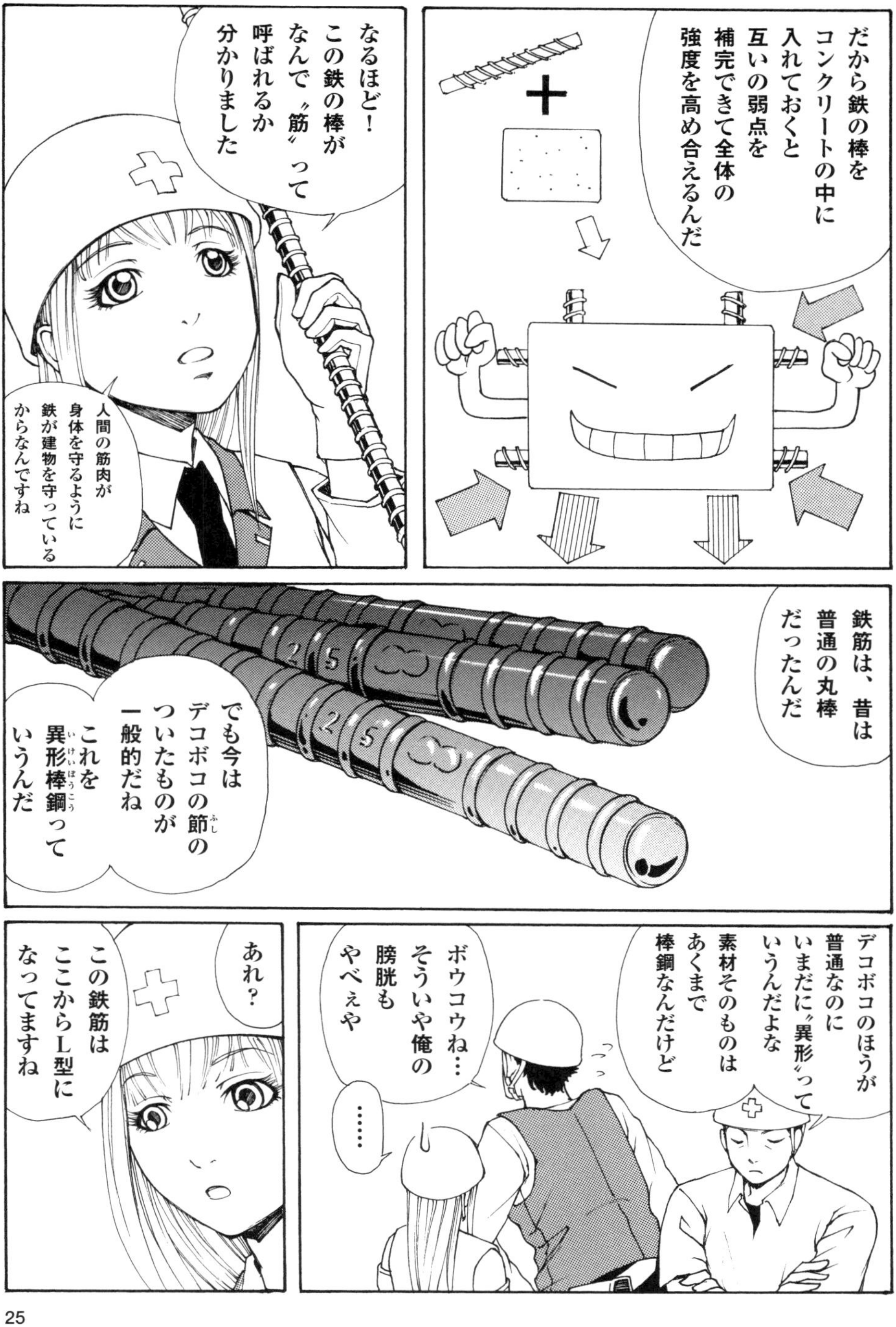
だから鉄の棒をコンクリートの中に入れておくと互いの弱点を補完できて全体の強度を高め合えるんだ
なるほど！この鉄の棒がなんで〝筋〟って呼ばれるか分かりました
人間の筋肉が身体を守るように鉄が建物を守っているからなんですね
鉄筋は、昔は普通の丸棒だったんだ
でも今はデコボコの節《ふし》のついたものが一般的だね
これを異形棒鋼《いけいぼうこう》っていうんだ
デコボコのほうが普通なのにいまだに〝異形〟っていうんだよな
素材そのものはあくまで棒鋼なんだけど
ボウコウね…そういや俺の膀胱もやべぇや
……
あれ？
この鉄筋はここからL型になってますね

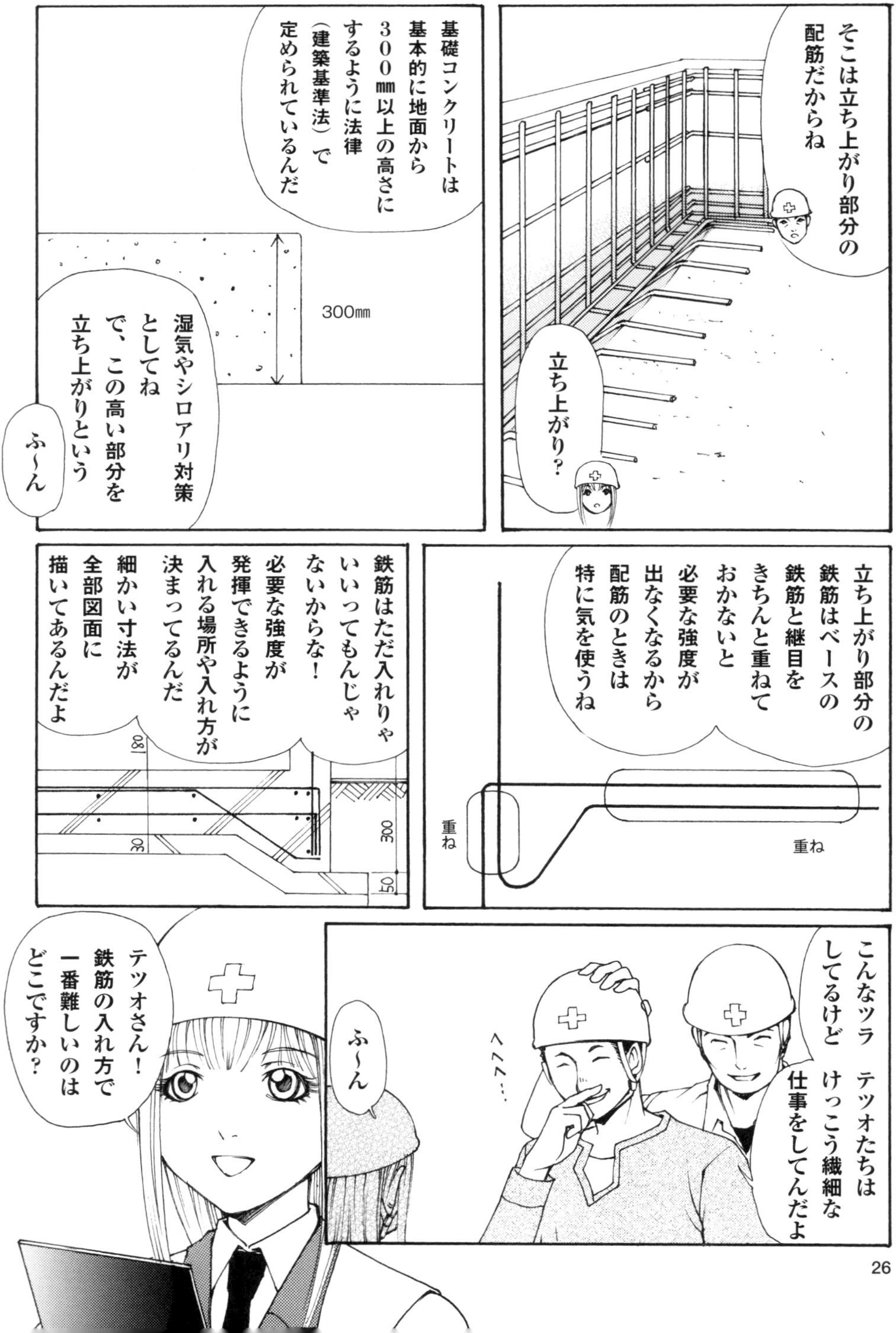
そこは立ち上がり部分の配筋だからね
立ち上がり？
基礎コンクリートは基本的に地面から３００㎜以上の高さにするように法律（建築基準法）で定められているんだ
300㎜
湿気やシロアリ対策としてね で、この高い部分を立ち上がりという
ふ〜ん
立ち上がり部分の鉄筋はベースの鉄筋ときちんと継目を重ねておかないと必要な強度が出なくなるから配筋のときは特に気を使うね
重ね
重ね
鉄筋はただ入れりゃいいってもんじゃないからな！必要な強度が発揮できるように入れる場所や入れ方が決まってるんだ細かい寸法が全部図面に描いてあるんだよ
300
50
こんなツラしてるけど テツオたちはけっこう繊細な仕事をしてんだよ
へへへ・・・
ふ〜ん
テツオさん！鉄筋の入れ方で一番難しいのはどこですか？

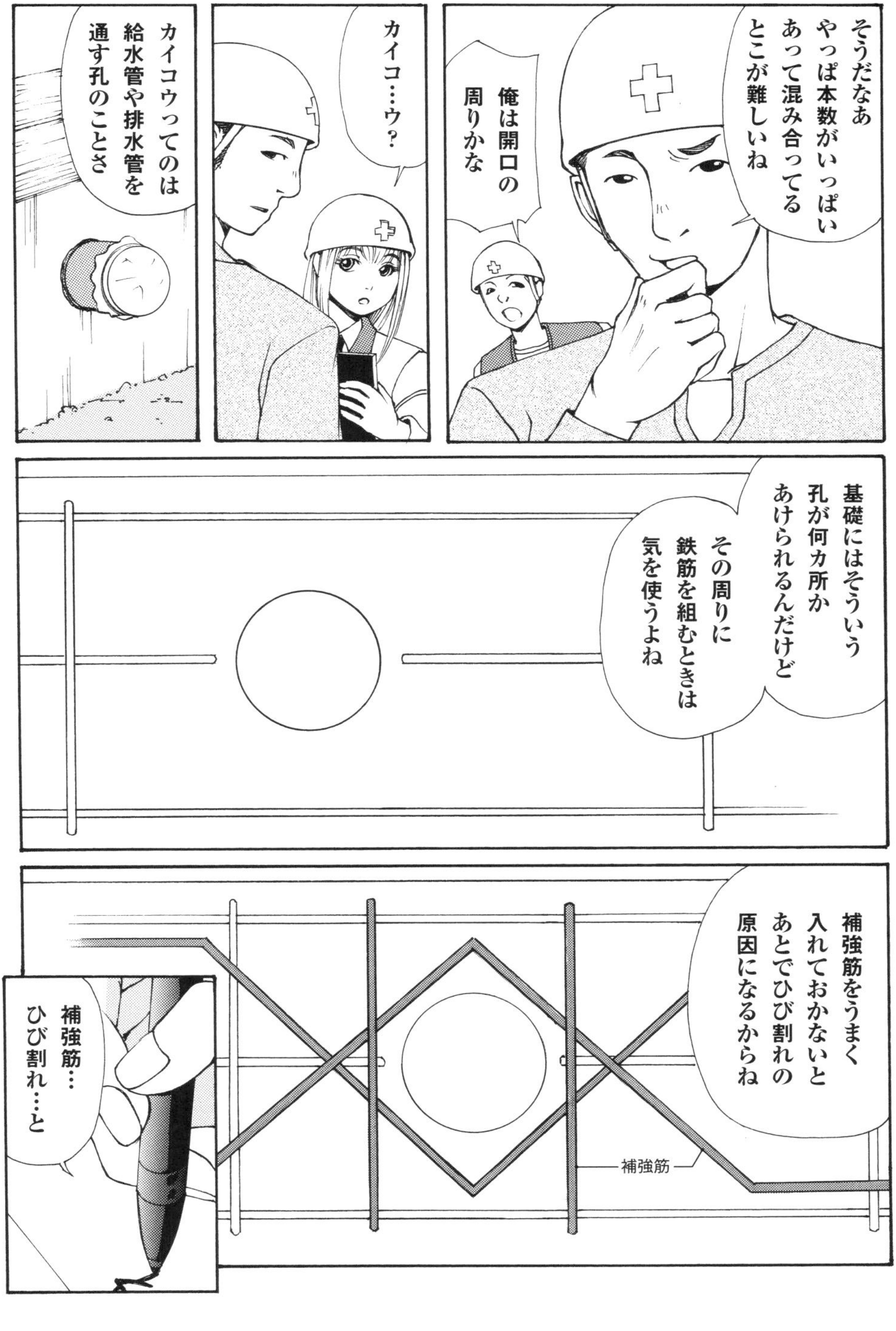
そうだなあ やっぱ本数がいっぱい あって混み合ってる とこが難しいね
俺は開口の 周りかな
カイコ…ウ?
カイコウってのは 給水管や排水管を 通す孔のことさ
基礎にはそういう 孔が何カ所か あけられるんだけど
その周りに 鉄筋を組むときは 気を使うよね
補強筋をうまく 入れておかないと あとでひび割れの 原因になるからね
補強筋
補強筋… ひび割れ…と

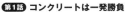

ベタ基礎の配筋

①立ち上がり部分

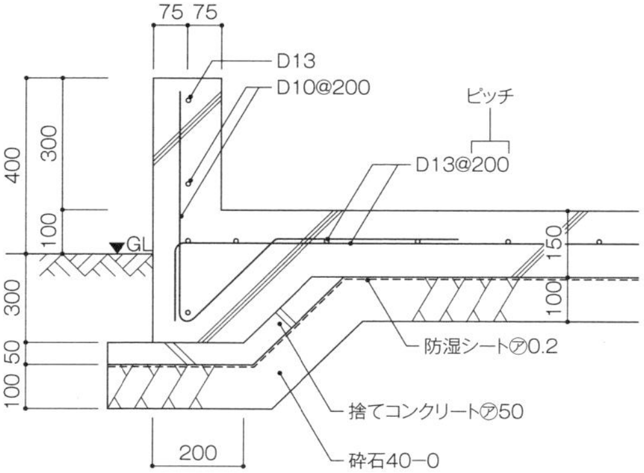

②地中梁部分

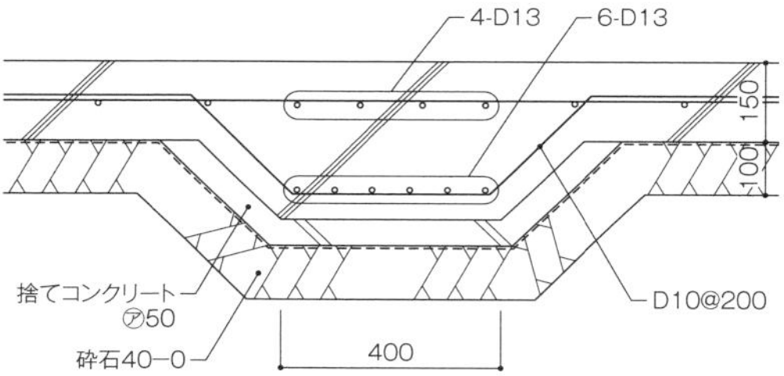

かぶり厚さが重要

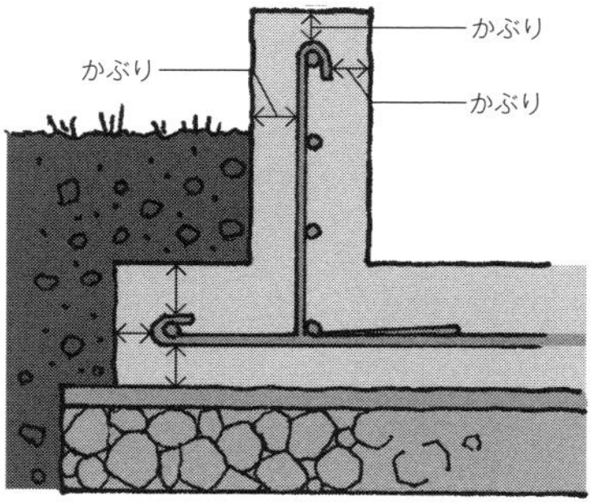

↔：かぶり厚さを示す

かぶり厚さとは、鉄筋コンクリート内部の鉄筋の表面からコンクリート外端部までの距離のこと。これを十分確保しておかないと耐久性などに問題が生じる

配筋のチェックポイント

- □ 鉄筋の材料は適切か（出荷証明書の確認）
- □ 主筋の太さ、本数、通りは適切か
- □ 鉄筋の継手、定着長さはとれているか、継手は重ならないように配置してあるか
- □ 主筋、横筋、耐圧部の配筋のピッチは適切か
- □ 所定の「かぶり」がとれているか
- □ コーナーの補強筋は指定どおりか
- □ スリーブ、点検口などの開口部の補強筋は良好か
- □ 基礎立上り枠の取り付け（レベル）は良好か
- □ アンカーボルトはコンクリート打設前に鉄筋に結束されているか。あとからアンカーボルトを差し込む「田植え式」になっていないか
- □ アンカーボルトの取り付け位置、高さ、本数、通りはよいか（全数をチェックする）
- □ アンカーボルトの埋め込み長さは240㎜以上確保しているか
- □ アンカーボルト先端はコンクリートが付着しないよう養生してあるか

……
社長！一つ質問があります
ん？
最初からこんな複雑に鉄筋を組んでますけど…
あんな硬いコンクリートをあとから中に詰め込むのは至難の業ですよどうするんですか？
・・・・・・。
それゃこないだ睡眠モードで教えたろうが…
い、いや、茜ちゃんさ コンクリートは最初から石みたいに硬くはないんだよ
ドロドロしたホットケーキの元みたいなものを流し込んで固めるのさ
ええ――っ！そうなんですか⁉
打ち上がったコンクリートからは想像できないか…
おい、テツ！今日どっかでコンクリ打ってる現場ないか？
あぁ、それなら近藤町に一件！
おととい俺たちが鉄筋やったんスよ
そうかじゃあ今度はそれを見に行くか

基礎コンクリートの打設
ほら！あの太いホースから流れ出てるのがコンクリート通称“生《なま》コン”だ
ドロドロドロドロ
生コン？生卵とかの生ですか？
そう 生のコンクリートって意味だ
じゃあコンクリートって生卵が卵焼きになるってことですね
ま…そんな感じ…かな
おう、社長 珍しくベッピンさん連れてんじゃない！娘さん？
打田さん からかわないでよ～ 親父が面倒みてやれってさ
へぇ～社長んとこの新人さんか？
よろしくお願いします
そっちのワンコも？
ワン！（ワンコじゃねえ ロボットだ）
まぁ見学するならそっちでな 汚れるといけねぇ

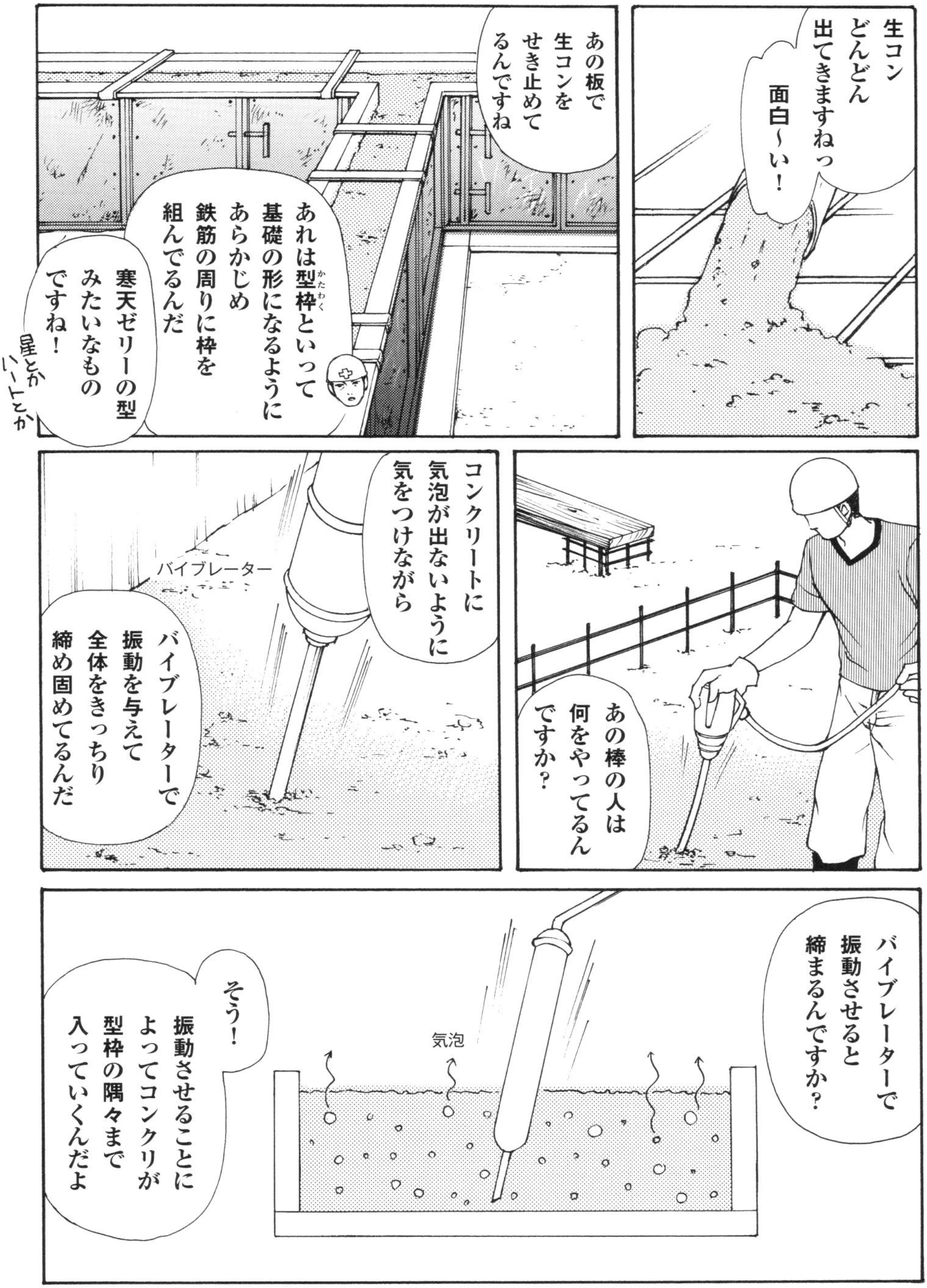
生コン どんどん出てきますねっ
面白～い!
あの板で生コンをせき止めてるんですね
あれは型枠《かたわく》といって基礎の形になるようにあらかじめ鉄筋の周りに枠を組んでるんだ
寒天ゼリーの型みたいなものですね!
星とか ハートとか
あの棒の人は何をやってるんですか?
コンクリートに気泡が出ないように気をつけながら
バイブレーター
バイブレーターで振動を与えて全体をきっちり締め固めてるんだ
バイブレーターで振動させると締まるんですか?
そう!
振動させることによってコンクリが型枠の隅々まで入っていくんだよ
気泡

流した生コンは端からすぐに平らにしていくんですね
ケーキ屋さんみたいに
コンクリートは固まったらもう直しがきかないからね
一発勝負なんだ
カチ
カチ
へぇ～…！コンクリートは一発勝負のコン活……と
再コンはなしと…
……
おっかねー姉ちゃんだな…
はっはっはっ
こりゃ、会長が気に入るはずだ
……
社長！また一つ疑問なんですが
この生コンのどろどろこの後どうやって焼くんですか？
それとも乾かすの？
…ああ 素人はよく勘違いするけどコンクリートは乾いて固まるわけじゃない
水のおかげで固まるんだ

カチ
コチ
水…？
凍らせるんですか？
いやいやそうじゃなくて生コンの中の…えーと…
何かと何かがああなってこうなって水とできちゃうんだよ
あ～なるほど！
できコン！
ですね
おぉ!!
なるほど～
そうでした！そうでしたっ!!
違うだろ！ 茜!!
水和結合のデータもう一回送るから
勉強しなおせ！
どうしたんだろ茜ちゃん…
……

打田さん！
分かりましたっ!!
ビクッ
キュピーン
珪酸カルシウムとアルミン酸カルシウムに鉄アルミン酸カルシウムが作用することでコンクリートは固まるんです！
つまりはあれか！骨を強くするカルシウムってやつだな！
うん、多分それです！
説明きいてねーな

コンクリートが固まる仕組み

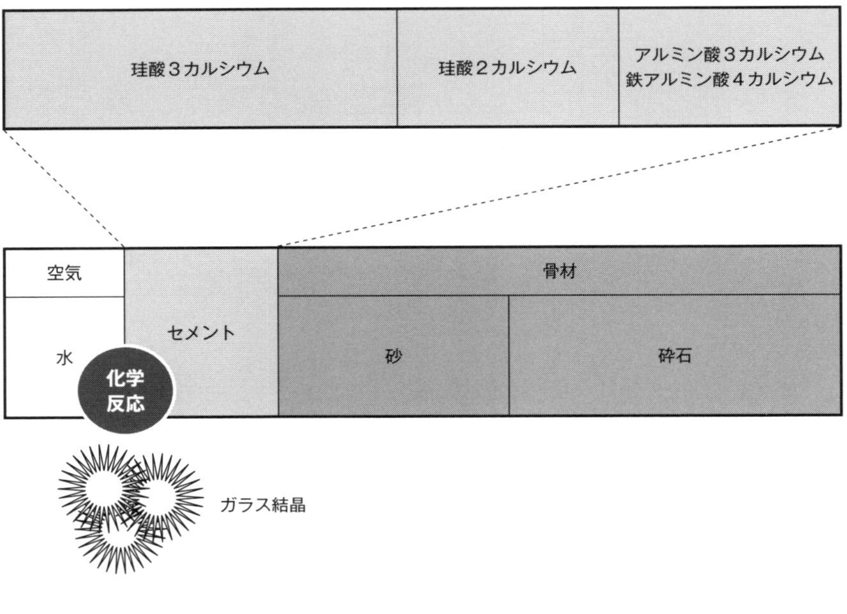
珪酸３カルシウム
珪酸２カルシウム
アルミン酸３カルシウム
鉄アルミン酸４カルシウム
空気
水
セメント
骨材
砂
砕石
化学反応
ガラス結晶

セメントの粒子と水の分子が化学反応を起こしてガラス質の結晶となる。このガラス結晶が「草木のように成長」し、骨材の隙間を埋めながら硬化することで、骨材ががっちりと固定される

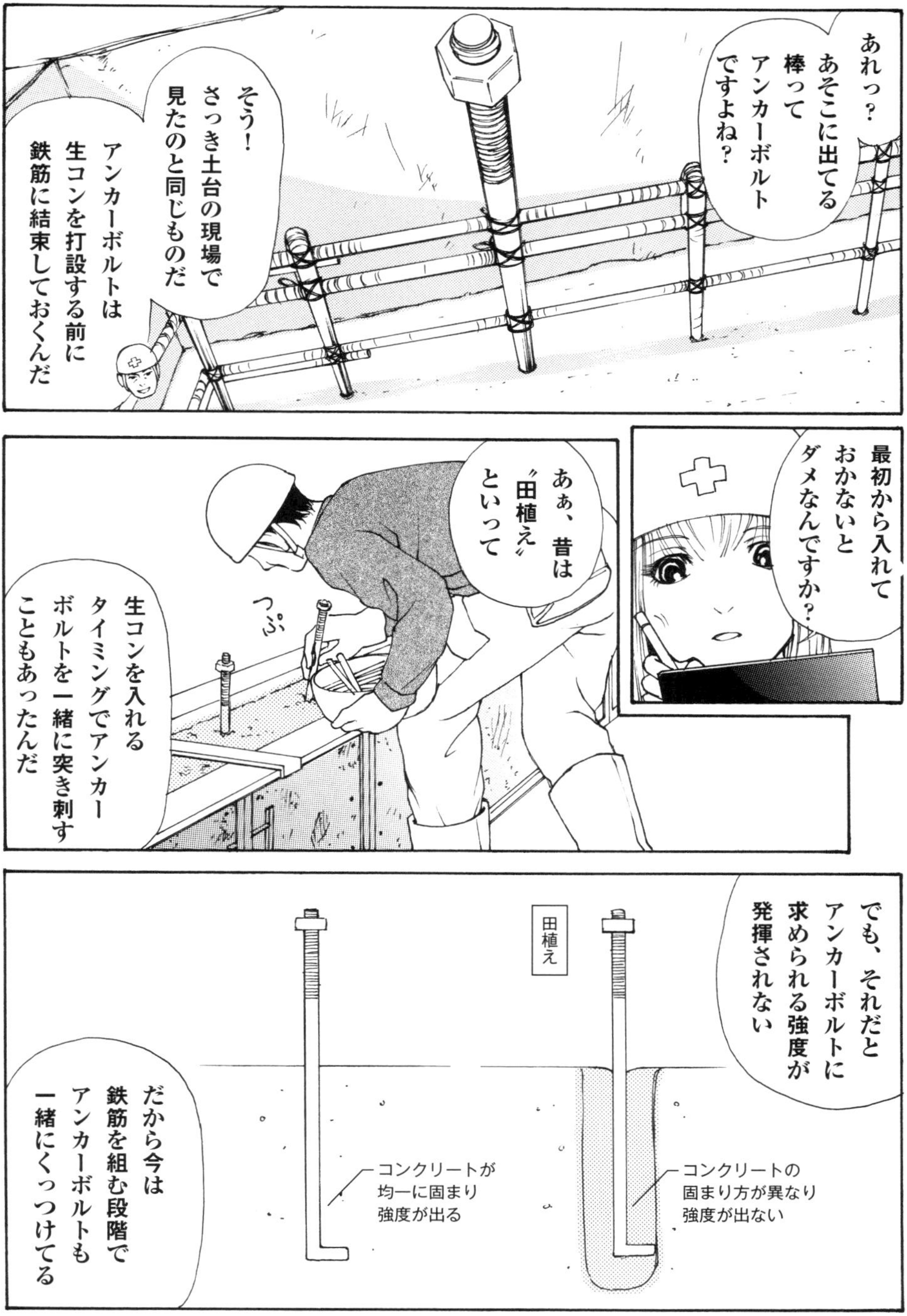
あれっ？ あそこに出てる棒って アンカーボルトですよね？
そう！ さっき土台の現場で見たのと同じものだ
アンカーボルトは生コンを打設する前に鉄筋に結束しておくんだ
最初から入れておかないとダメなんですか？
あぁ、昔は〝田植え〟といって
つぷ
生コンを入れるタイミングでアンカーボルトを一緒に突き刺すこともあったんだ
でも、それだとアンカーボルトに求められる強度が発揮されない
田植え
コンクリートの固まり方が異なり強度が出ない
コンクリートが均一に固まり強度が出る
だから今は鉄筋を組む段階でアンカーボルトも一緒にくっつけてる

生コンの打設《だせつ》を一発で決めるには事前の準備が大変なんですね
大変だけどこの基礎をしっかりつくることであとの木造部分の工事に安心して入れるんだ
ふむふむ
社長！今日一日で基礎から土台への流れがよく分かりました！
コンクリートは一発勝負で再コン無理だから慎重にやろう!!
ですねっ!!
くぁっ
ま…まぁそうだな
おおむね…正解…かな…
さ…て…帰るか…
はいっ！
なんかつかれた…

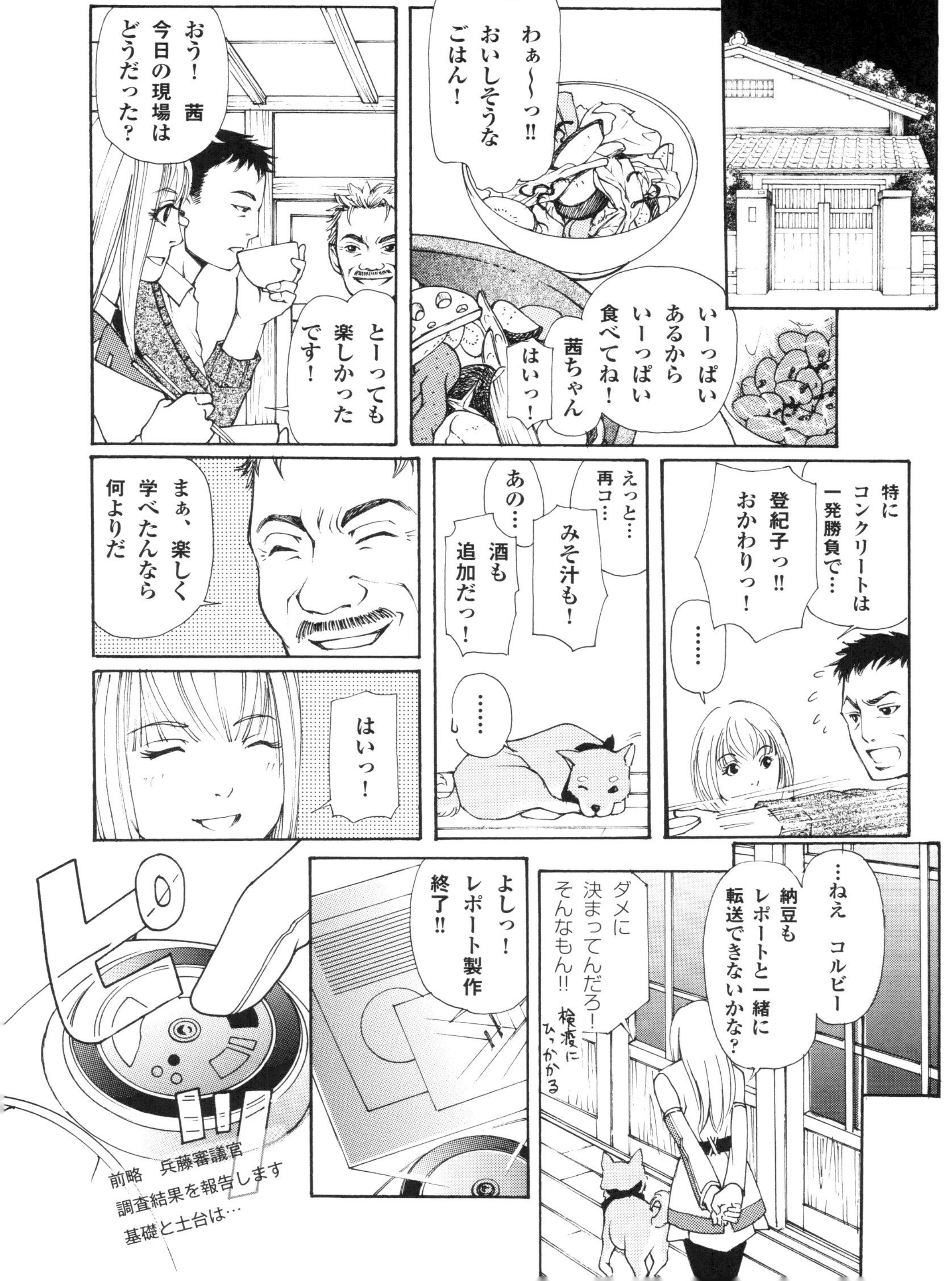
わぁ〜っ!! おいしそうな ごはん!
いーっぱい あるから いーっぱい 食べてね! 茜ちゃん
はいっ!
おう! 茜 今日の現場は どうだった?
とーっても 楽しかった です!
特に コンクリートは 一発勝負で…
登紀子っ!! おかわりっ!
……
えっと… 再コ…
みそ汁も!
あの…
酒も 追加だっ!
……
まぁ、楽しく 学べたんなら 何よりだ
はいっ!
…ねえ コルビー 納豆も レポートと一緒に 転送できないかな?
ダメに 決まってんだろ! そんなもん!!
検疫に ひっかかる
よしっ! レポート製作 終了!!
前略 兵藤審議官
調査結果を報告します
基礎と土台は…

第2話 建方・屋根・プレカット

棟上げまでは一日で

茜ちゃーん
そこのお椀
取ってくれるー?
檜工務店
はーいっ
ーっと　ゔぁぁ
ドンガラガッシャン!!
あらあら
大丈夫?
はい〜〜…
毎度毎度
すみません…
ワン
あら?
コルビーちゃんも
ごはんかしら?
ワン
ワン
私ちょっと
見てきます
茜!
長官から連絡だ
早くしろ!
ぱらり
パッ

白鳥くん
先日の報告書は
受け取った
基礎コンクリートと
土台について
詳しくレポート
されていたな
…がっ
ギクッ
その後の調査は
どうなんだね？
そ…
それが～
まだ全然…
なんだと!?
すでに過去時間で
一週間以上は経過
しているぞ!!
調査期間は
無限ではない
のだよ！
ごっ
ご安心を！ 長官！
今日から本格的な
工事に入り
ますのでっ!!
ほう
では健闘を
祈る！
なお君の過去時間
での発言・行動は
常にコルビーによって
記録されている
君が毎晩、老人たち
と呑んでいるのは
酒という飲み物で
その後の状態を
〝二日酔い〟と
いう…
そんなに呑んで
ませんっ!!
ちょっと晩酌に
お付き合いしてる
だけですよ～
交信終了っ!!
ギャン！
ギュッ
いってーな
何すんだ…
なんでも
かんでも
報告しすぎっ!!
茜ちゃん
朝ごはんよー

木造の骨組みが組み上がるまで
すっごーい!!
これが建方《たてかた》ですか〜!!
まぁな! 柱から小屋組みまで一日で一気に仕上げちまう
今日は特別な一日だっ!!
これです! これこれ!!
私が見たかったのはっ!!
—ってゆーか せっつかれてたのはっ!!
コルビー!! 写真っ!! 写真…
はっ
ヤバ…
そ〜〜…
お前、朝 茜にイジメられてたろ?
ワーン
※そーなんすよ 親ちっ!!
コーン
コーン
ん〜〜 いい音っ♪ 掛矢《かけや》で叩く木の音って木造の醍醐味ですよね!!
記録動画で見たまんま〜♡
コーン
コッ
コッコッ

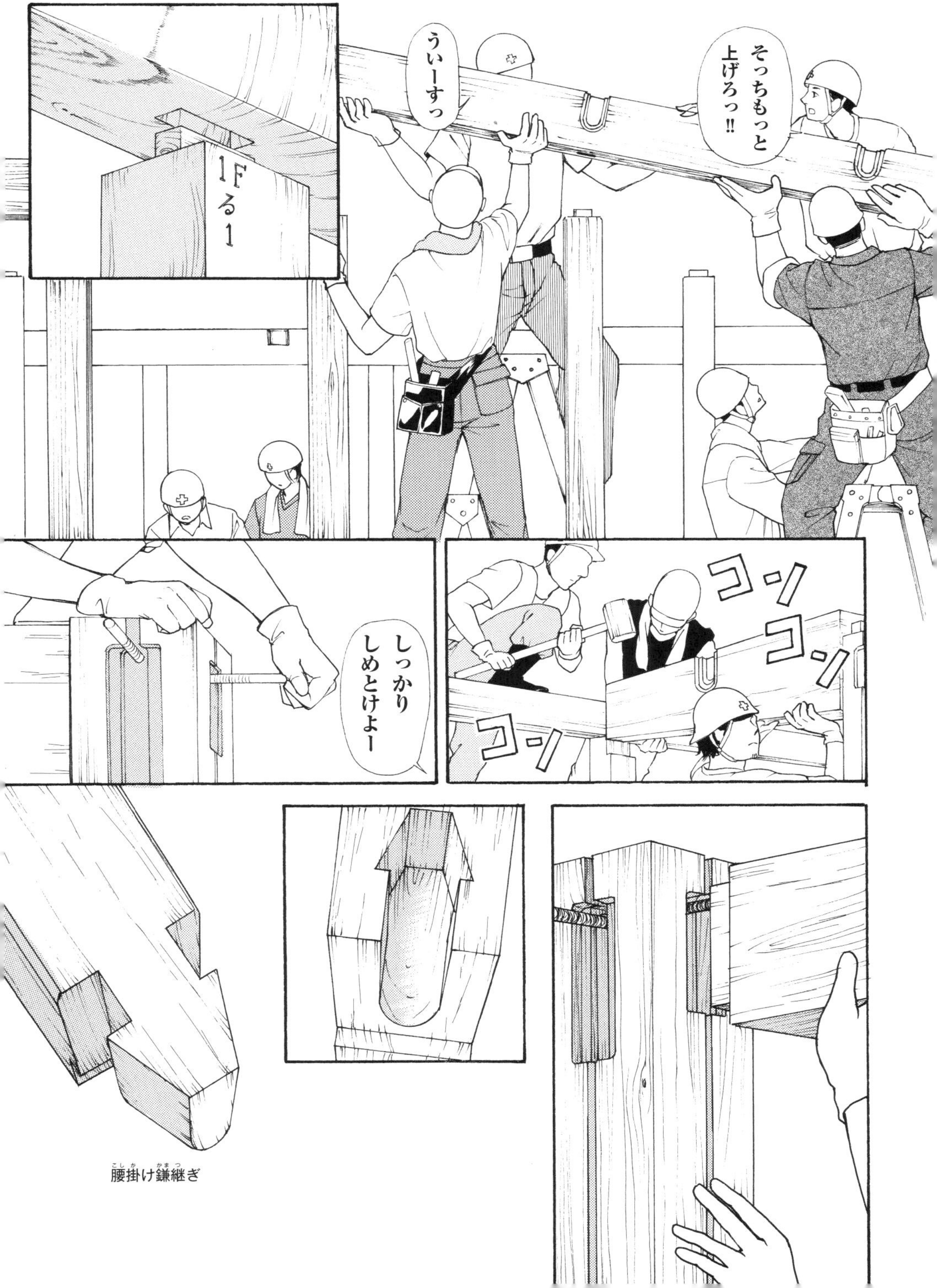
そっちもっと上げろっ!!
うぃーすっ
1F
る1
コーン
コーン
コーン
しっかりしめとけよー
腰《こし》掛《か》け鎌《かま》継《つ》ぎ

主な継手・仕口の形状

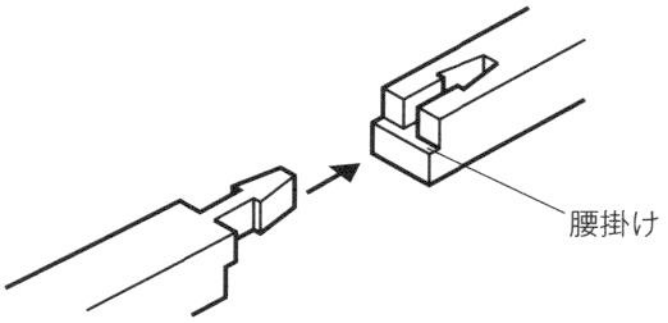

鎌継手［かまつぎて］
梁、母屋、土台の継手などに用いられる。イラストは腰掛け鎌継ぎ［こしかけかまつぎ］と呼ばれる形状

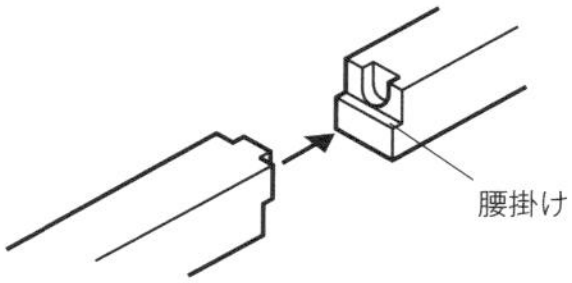

蟻継手［ありつぎて］
母屋、土台の継手などに用いられる。イラストは腰掛け蟻継ぎ［こしかけありつぎ］と呼ばれる形状

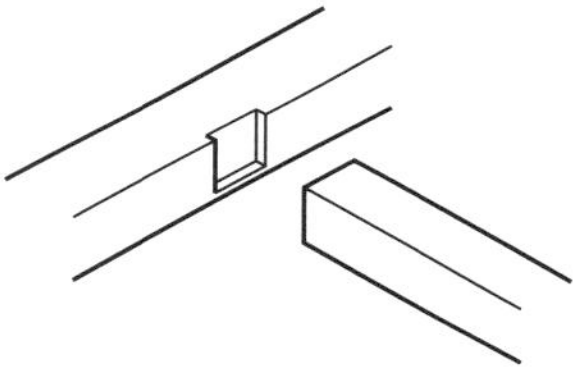

大入れ［おおいれ］
根太と大引などの接合に用いられる仕口

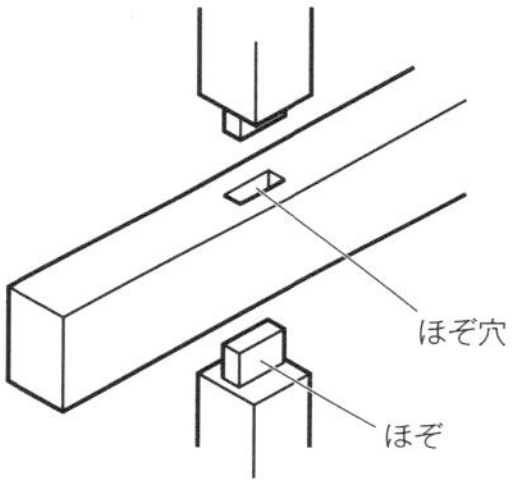

ほぞ差し［ほぞさし］
柱と土台や梁、小屋束と梁や母屋の接合に用いられる仕口

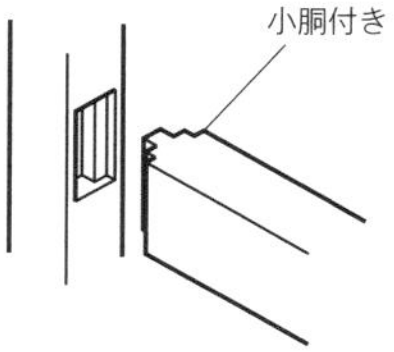

胴差しの仕口［どうざしのしぐち］
胴差しと通し柱の接合にはこのような仕口が用いられる

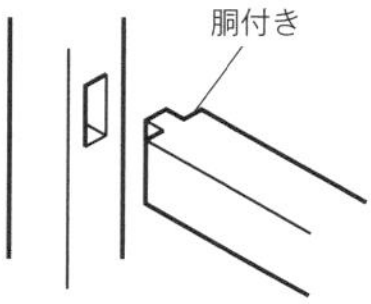

桁差しの仕口［けたざしのしぐち］
母屋下がり部の桁と柱、母屋と小屋束の接合にはこのような仕口が用いられる

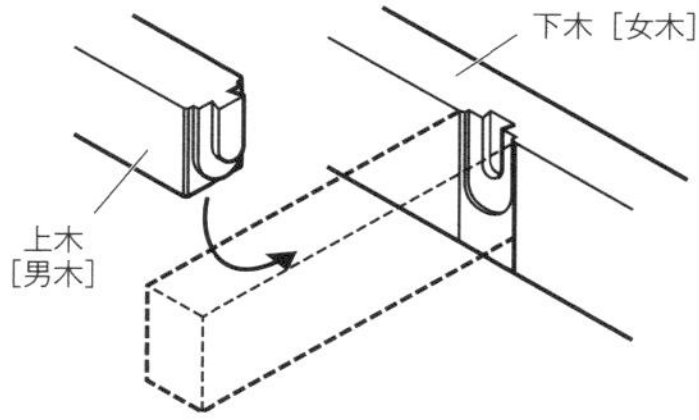

大入れ蟻落とし［おおいれありおとし］
主に梁と梁、母屋と母屋、土台と土台の接合に用いられる仕口

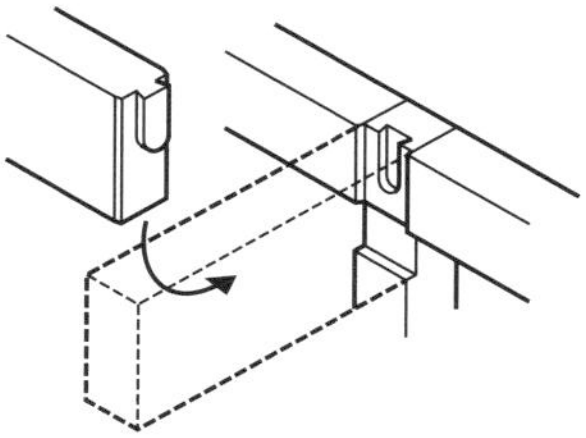

蟻仕口柱持たせ［ありしぐちはしらもたせ］
梁と梁＋下柱、母屋と母屋＋小屋束の接合に用いられる仕口

ほえ～…
!
ねぇ、甚さん 木造って あんなペラペラな 木材を使っても 大丈夫なんですか？
ん？
ありゃ 仮筋《かりすじ》かいだよ 柱の垂直と梁の水平 (カネ) を見ながら 軸組を仮固定するものだ あとで外すから 心配するな
仮筋かい
でも、あんなペラペラで 仮固定なんて できます？

ああ！三角形をつくりゃ細くてもそれ以上は動かない！学校で習ったろ？
??
グラ
ピタッ
さてはお前算数苦手だろ？そんなんじゃ大工は無理だぞ
ははは
じゃ会長なんか最も大工にゃ向いてない！
うるせえ振一郎!!それより建て入れ直し［※］ちゃんとやれよ!!
分かってますって!!
※下げ振りや水準器を使って柱の倒れを修正し、垂直の精度を上げていくこと
下げ振り
水準器
への二番とはの四番！手前に倒れてるんじゃねえか！
もぉ～！少し黙っててくださいよ!!いま全体見ながら直してるんです！
コルビーどう？私にも転送して
コソッ
また？
右から二番目の柱と四番目の柱それぞれ0.5度、1.2度ほど手前に振れている…
すごい！甚さんの言う通りだわ
ブツ
ブツ
おい どうした茜
ここで柱と梁がビシーッと立ってないと後の工事が全部パーだ…
うるさく言っとかないと

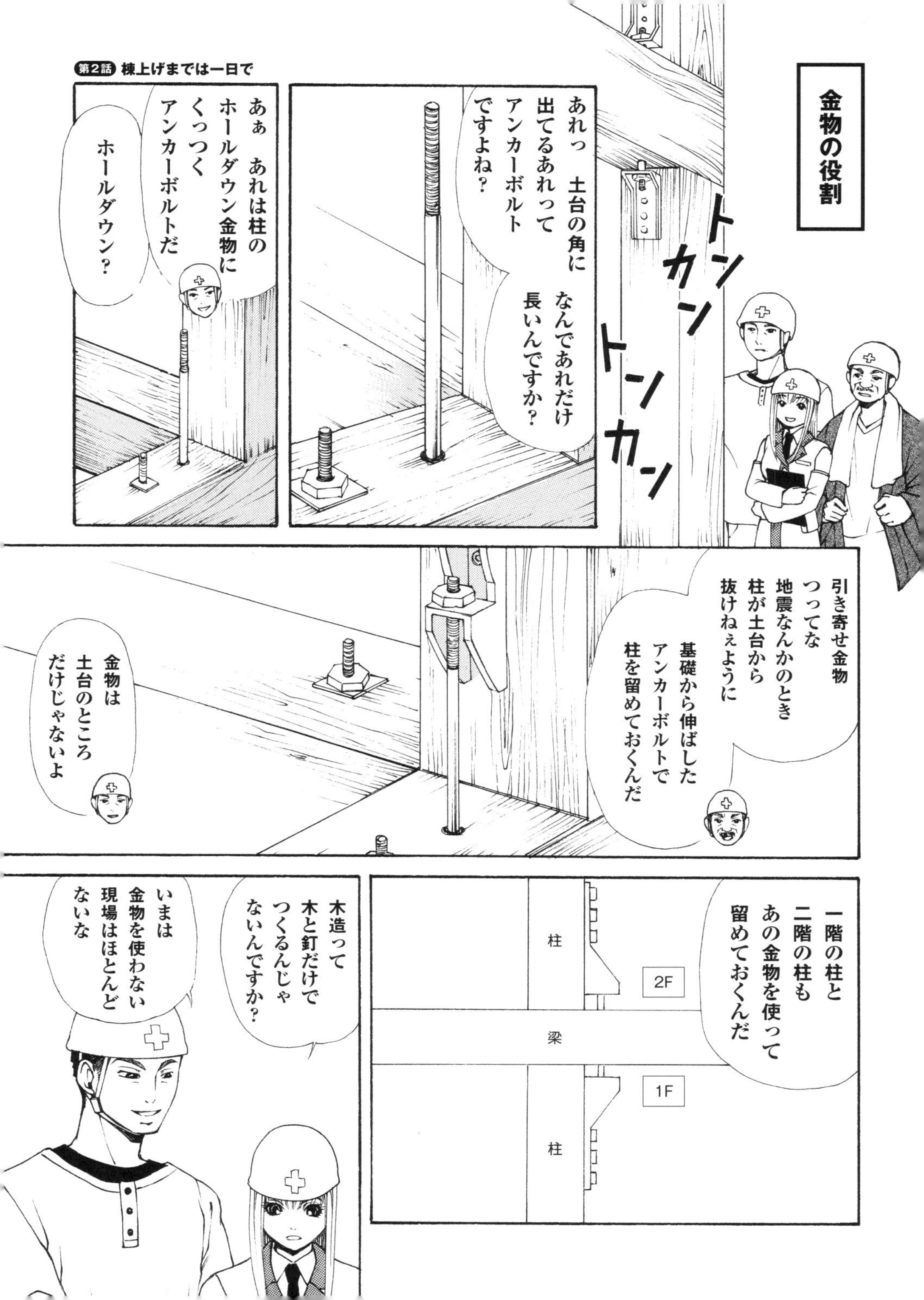
金物の役割
トンカン
トンカン
あれっ 土台の角に出てるあれって アンカーボルトですよね？
なんであれだけ長いんですか？
あぁ あれは柱のホールダウン金物にくっつくアンカーボルトだ
ホールダウン？
引き寄せ金物っつってな 地震なんかのとき柱が土台から抜けねぇように
基礎から伸ばしたアンカーボルトで柱を留めておくんだ
金物は土台のところだけじゃないよ
一階の柱と二階の柱もあの金物を使って留めておくんだ
柱
2F
梁
1F
柱
木造って木と釘だけでつくるんじゃないんですか？
いまは金物を使わない現場はほとんどないな

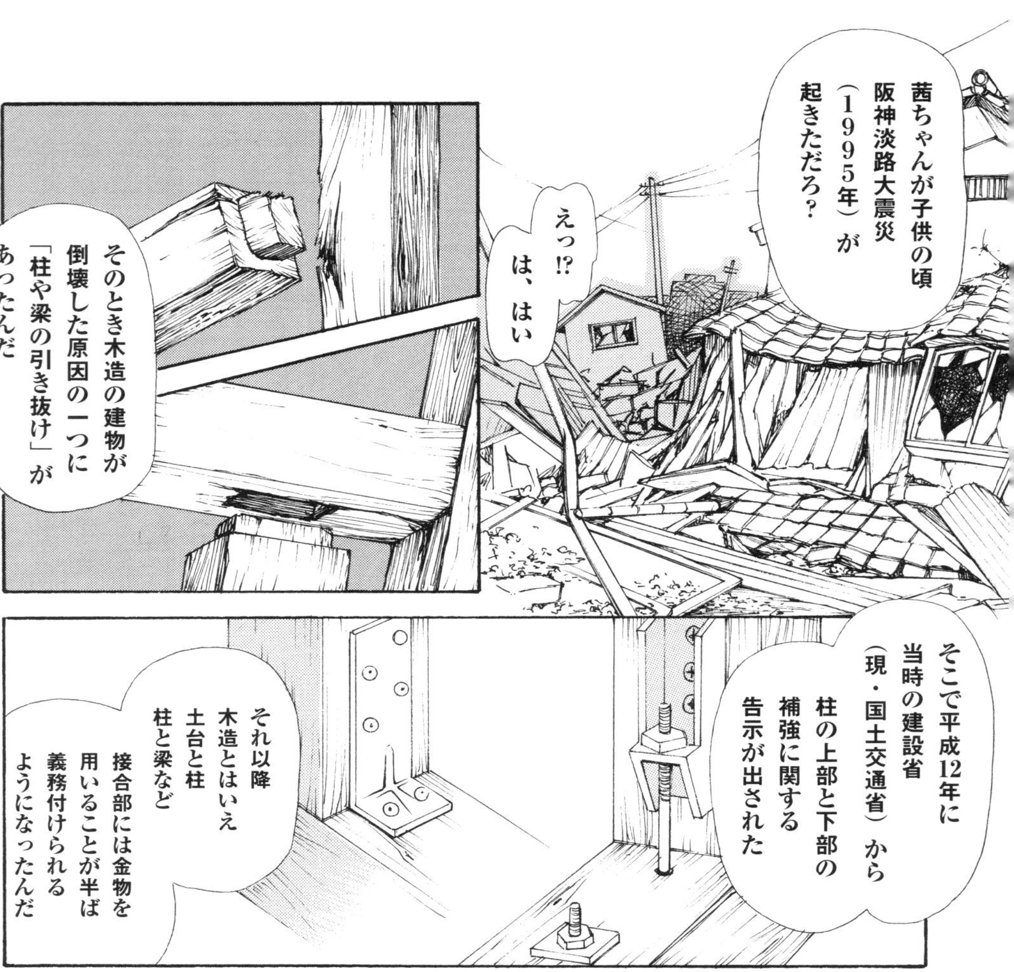

木造住宅の仕口や継手を補強する金物

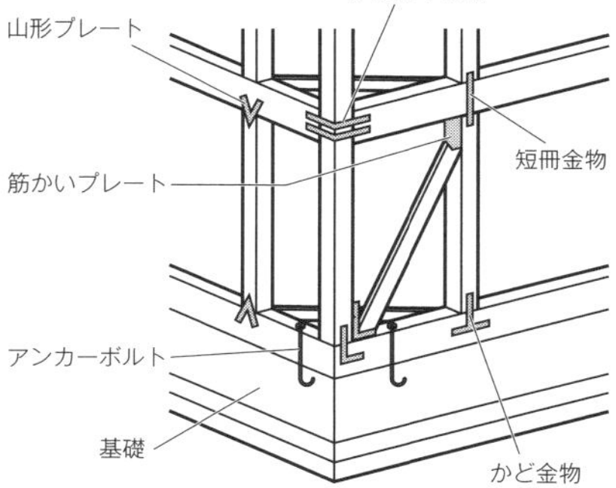

基礎と土台の接合にはアンカーボルトを使用する。柱の引き抜けを防ぐためには、基礎と柱をホールダウン金物で固定し、1階と2階の柱も同様にホールダウン金物でつなぐ。大きな力のかかる柱と梁の接合部は、羽子板ボルトなどで固定する。合板の耐力壁や筋かいも引抜力に対応した金物で固定する。その他、さまざまな金物が部材の接合に用いられる

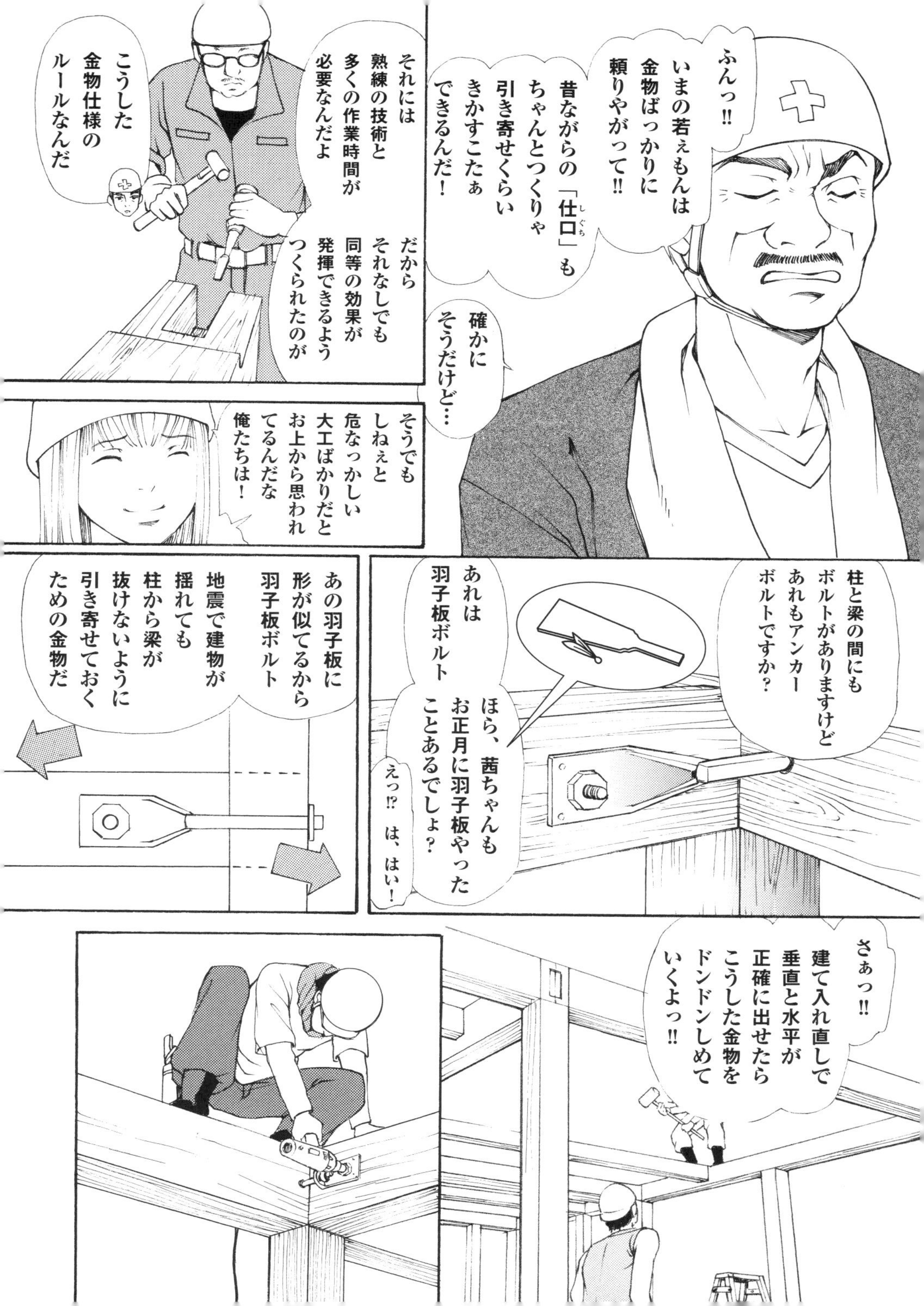
ふんっ!!
いまの若ぇもんは金物ばっかりに頼りやがって!!
昔ながらの「仕口《しぐち》」もちゃんとつくりゃ引き寄せくらいきかすこたぁできるんだ!
確かにそうだけど…
それには熟練の技術と多くの作業時間が必要なんだよ
だからそれなしでも同等の効果が発揮できるようつくられたのが
こうした金物仕様のルールなんだ
そうでもしねぇと危なっかしい大工ばかりだとお上から思われてるんだな俺たちは!
柱と梁の間にもボルトがありますけどあれもアンカーボルトですか?
あれは羽子板ボルト
ほら、茜ちゃんもお正月に羽子板やったことあるでしょ?
えっ!? は、はい!
あの羽子板に形が似てるから羽子板ボルト
地震で建物が揺れても柱から梁が抜けないように引き寄せておくための金物だ
さぁっ!! 建て入れ直しで垂直と水平が正確に出せたらこうした金物をドンドンしめていくよっ!!

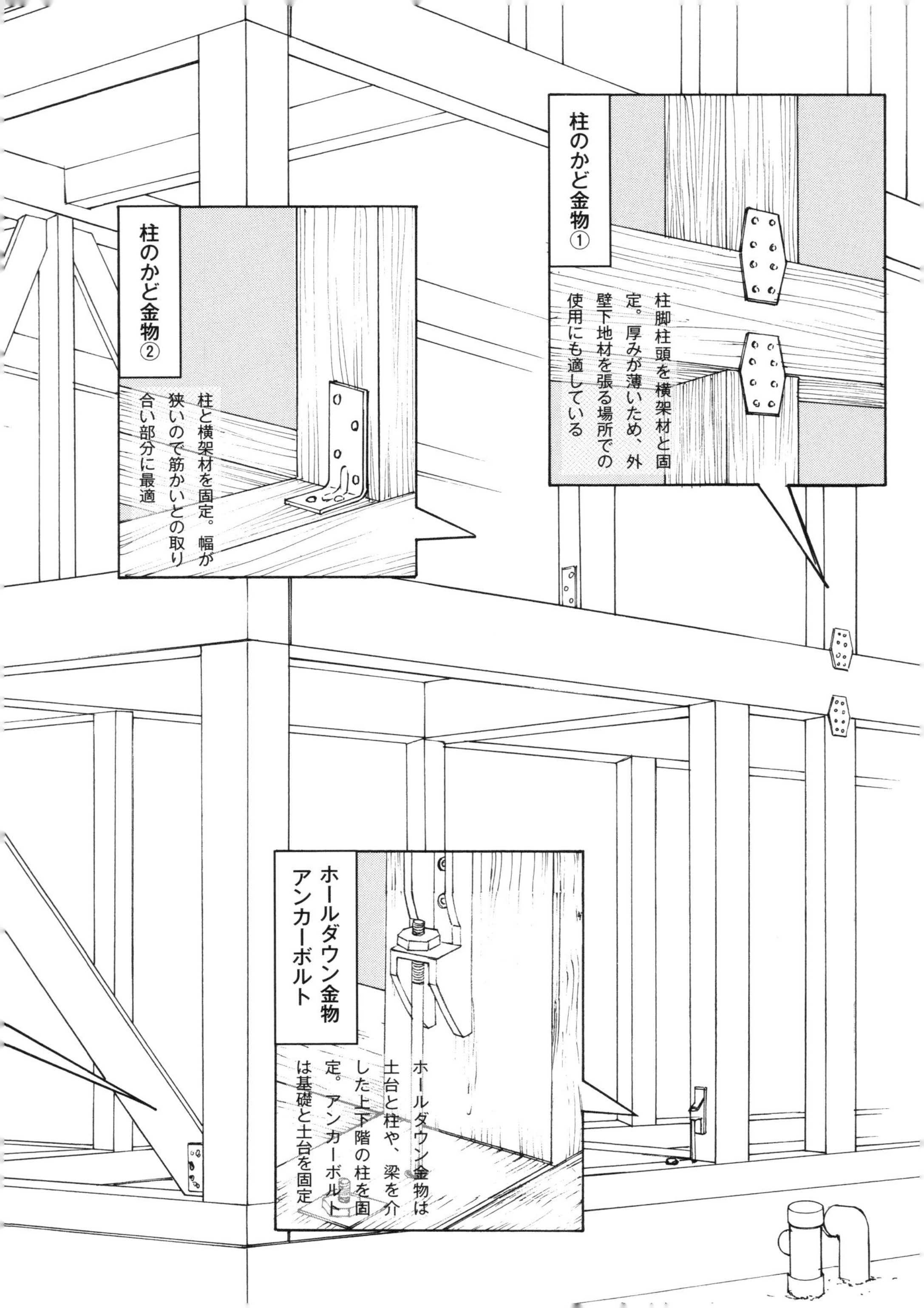
柱のかど金物①
柱脚柱頭を横架材と固定。厚みが薄いため、外壁下地材を張る場所での使用にも適している
柱のかど金物②
柱と横架材を固定。幅が狭いので筋かいとの取り合い部分に最適
ホールダウン金物
アンカーボルト
ホールダウン金物は土台と柱や、梁を介した上下階の柱を固定。アンカーボルトは基礎と土台を固定

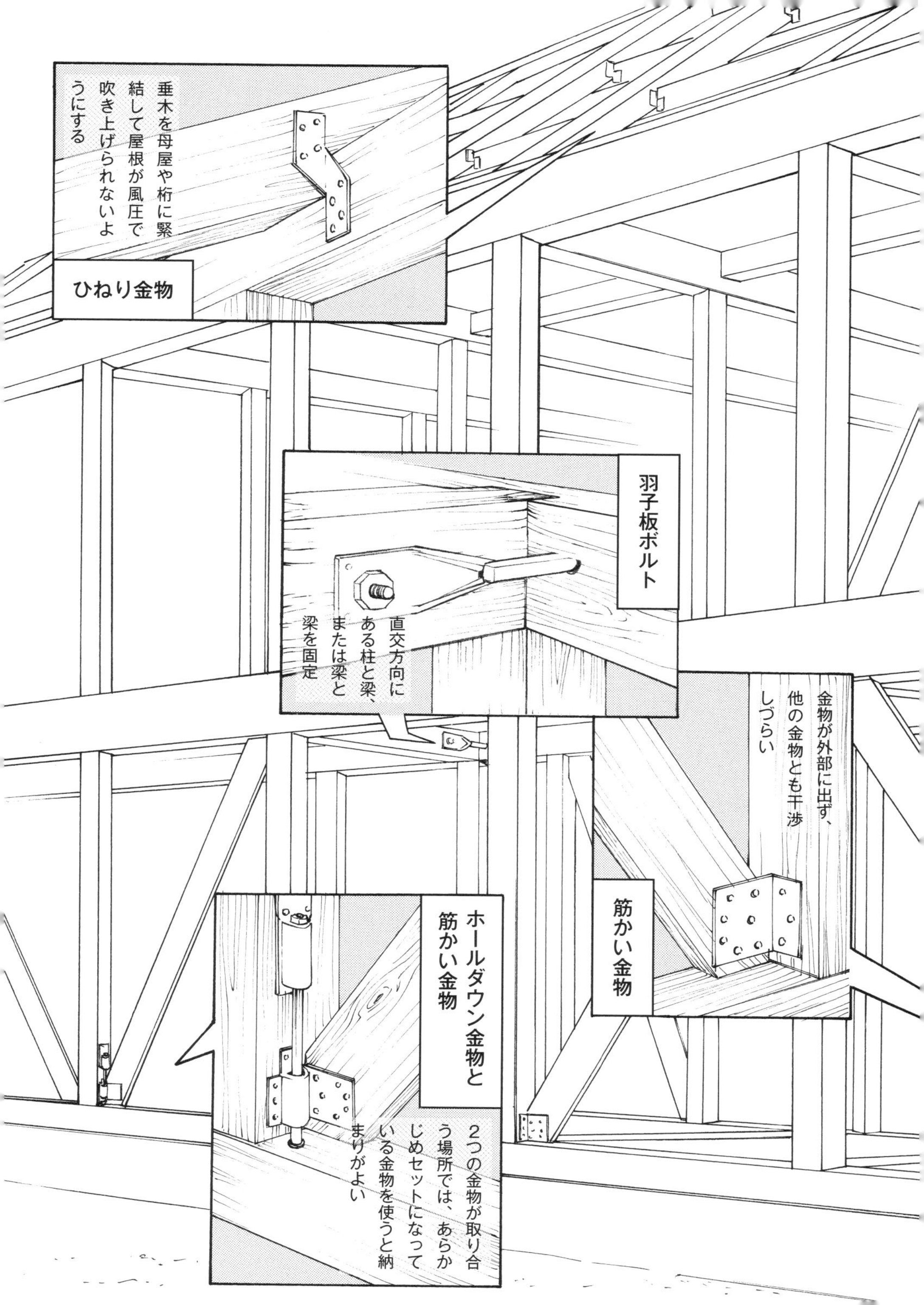
ひねり金物
垂木を母屋や桁に緊結して屋根が風圧で吹き上げられないようにする
羽子板ボルト
直交方向にある柱と梁、または梁と梁を固定
筋かい金物
金物が外部に出ず、他の金物とも干渉しづらい
ホールダウン金物と筋かい金物
2つの金物が取り合う場所では、あらかじめセットになっている金物を使うと納まりがよい

私、木造っていうから てっきり木材に複雑な 細工を施して建物を 組み上げていくもんだ と思ってました…
こうして見ると いろんなところに 金物が付けられて いくんですね
なんか ガッカリ…
でも、それで 地震に強い家に なるんだもんね
それは ちょっと 違うかな
え？
いまつくっている家は 「在来軸組構法」 といって最も一般的な 家のつくり方なんだ
Y軸
X軸
このタイプの建物の 構造強度は X軸とY軸の二方向に バランスよく配置された 壁の量と強さで 決まる
壁の量と 強さ？
？
金物が強く してるんじゃ ないんですか？
もちろん 金物も 必要だけど
地震に対する強さを 決めているのは壁 専門用語で「耐力壁《たいりょくへき》」と 呼ばれる壁なんだ
タイリョクヘキ？
たいりょく
じまん
いや いや

耐力壁は水平力に抵抗するもの

耐力壁とは地震力や風圧力に抵抗するために設ける壁のこと。
構造用合板や筋かい、石膏ボードなどを柱と梁または土台に留め付ける

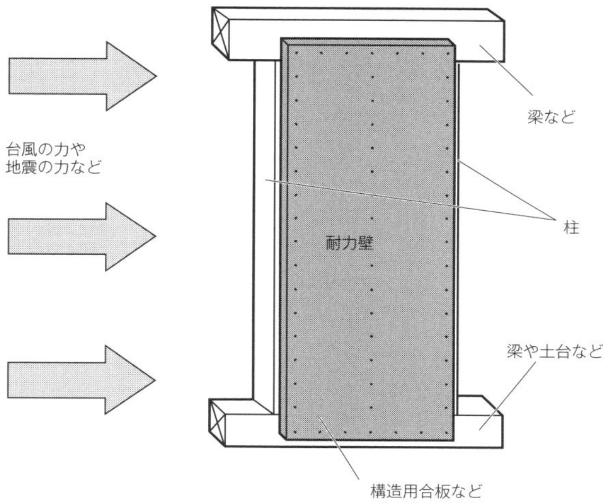

①耐力壁が水平力に持ちこたえる強さは倍率で表される（＝壁倍率）

②壁倍率1は200Kgf（1.96KN）の耐力をもつことを表し、単独でも組み合わせでも最大5まである

壁倍率1の定義

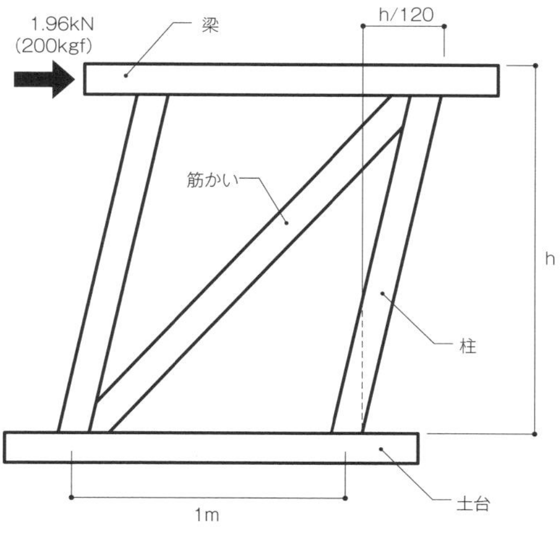

壁倍率1とは、図のように長さ1mの壁が1.96kNの水平力を受けたときに、その変形量が壁の高さに対して1/120であることをいう。倍率が大きくなるほど、接合部にかかる力も大きくなるため、金物にも強度の高いものが必要になる

壁倍率1
→P＝1.96kN、H＝1/120
（P＝水平力、H＝変形量）

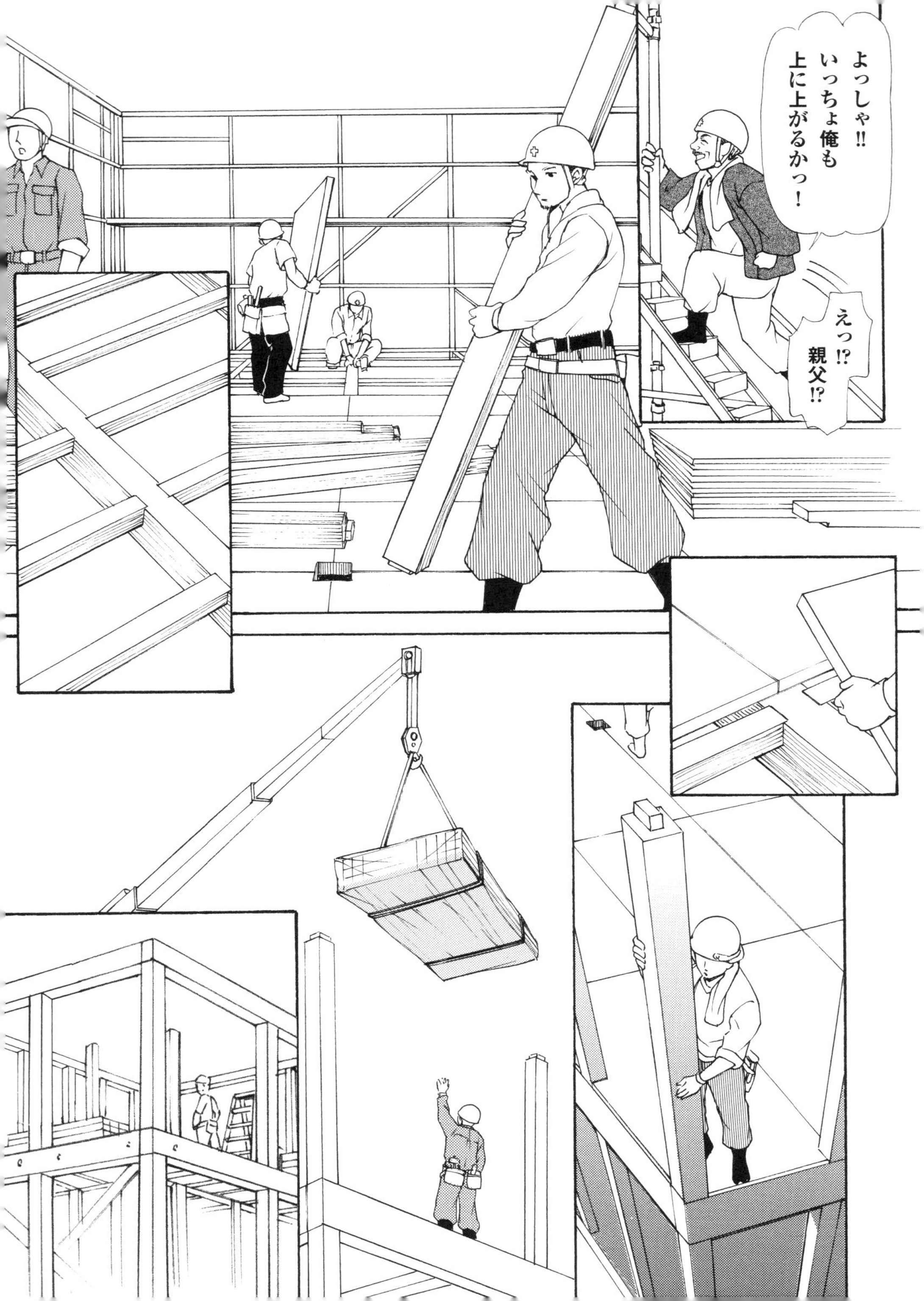
よっしゃ‼ いっちょ俺も上に上がるかっ！
えっ⁉ 親父⁉

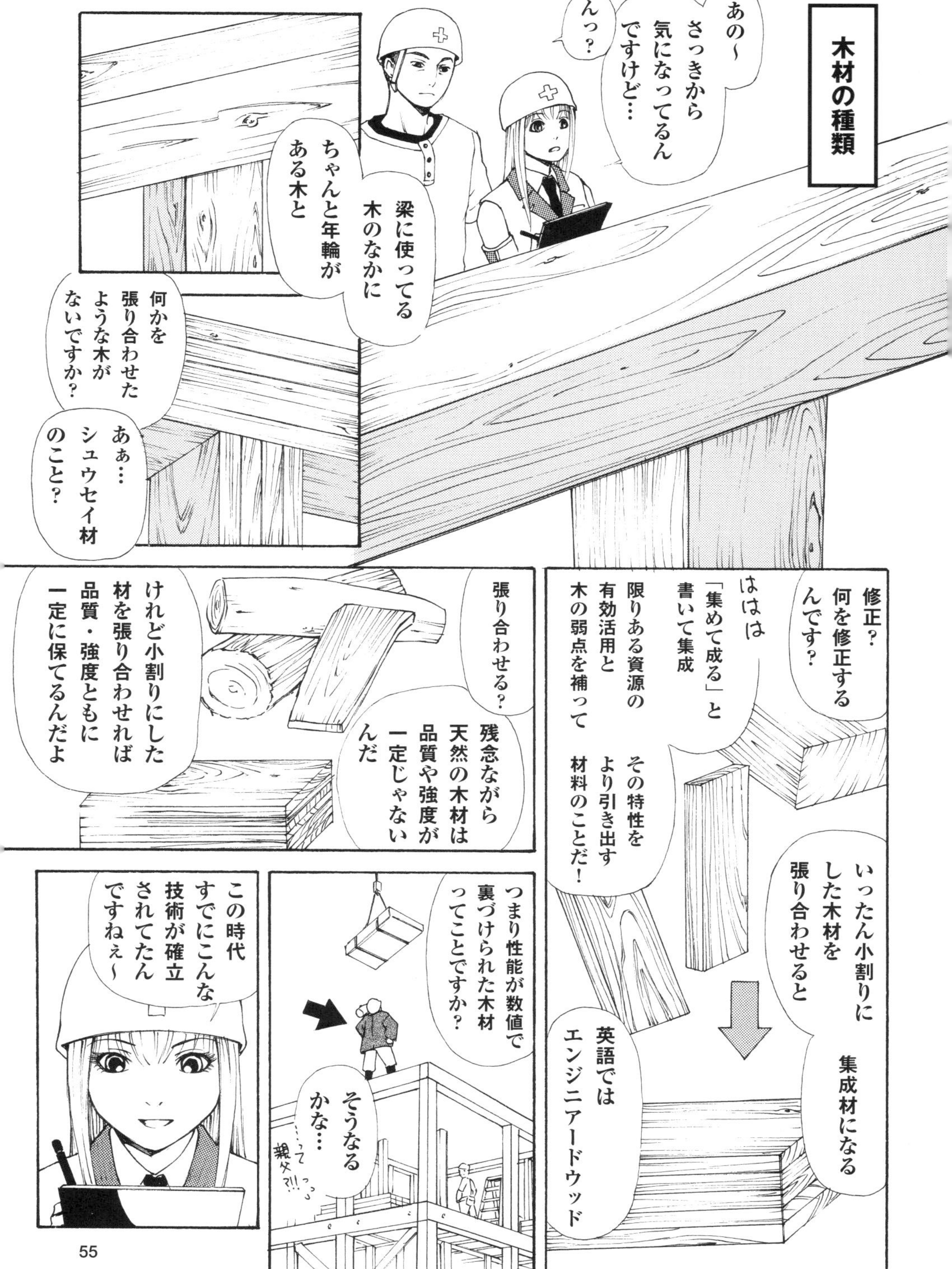
木材の種類
あの～ さっきから 気になってるん ですけど…
んっ？
梁に使ってる 木のなかに ちゃんと年輪が ある木と
何かを 張り合わせた ような木が ないですか？
あぁ… シュウセイ材 のこと？
修正？ 何を修正する んです？
ははは 「集めて成る」と 書いて集成
限りある資源の 有効活用と 木の弱点を補って
その特性を より引き出す 材料のことだ！
いったん小割りに した木材を 張り合わせると
集成材になる
英語では エンジニアードウッド
張り合わせる？
残念ながら 天然の木材は 品質や強度が 一定じゃない んだ
けれど小割りにした 材を張り合わせれば 品質・強度ともに 一定に保てるんだよ
つまり性能が数値で 裏づけられた木材 ってことですか？
そうなる かな…
…って 親父?!! っっ
この時代 すでにこんな 技術が確立 されてたん ですねぇ～

集成材の種類

種　類	品質、用途
集成材	柱、梁、アーチなどの構造体に使われるもので、大断面やわん曲材もつくれる
化粧梁集成材	突き板を表面に張ったもので、強度、耐水性は構造用集成材と同様。主に柱、梁などの直線材に使われる
造作用集成材	積層面が見える独特の美しさをもつ。梁、階段の手摺、カウンターなどにも使われる
化粧梁 造作用集成材	内部造作（長押、鴨居、敷居など）に使われる

樹種と使用に適する部位

○：適す　△：部分的に適す

部位	針葉樹									輸入材				
	国産材					輸入材								
	スギ	ヒノキ	アカマツ クロマツ	ヒバ	カラマツ	ベイヒ	ベイヒバ	ベイマツ	ベイツガ	ケヤキ	クリ	カシ	ナラ	ブナ
柱	○	○							○		△			
梁	○		○		○			○	○	△				
土台		○		○		○	○			○	○			
筋かい	○								○					
根太	○		○		○			○	○					
垂木	○		○		○			○	○					
野地、床	○	○△	○											
大引	○	○	○		○			○	○				○△	○△
火打梁 火打土台	○	○		○	○			○	○					
込栓類												○	○	○

会長～!! 危ないからウロウロしないでくださいよ!!
うるせえっ!! こう見えても昔は木場《きば》の運河で角乗《かくの》りだってやってたんだ!!
ユラ
まだ小屋組み材上げきってないんだしさぁ～
けっ 大工が高ぇとこ怖がってどーすんだ!
……

大丈夫かな
コルビー
ザァ…
ユラッ
!!
甚さんっ!!
?
!?
ずるっ
うおっ?

!!
ワオ〜ーン!!
ピタ

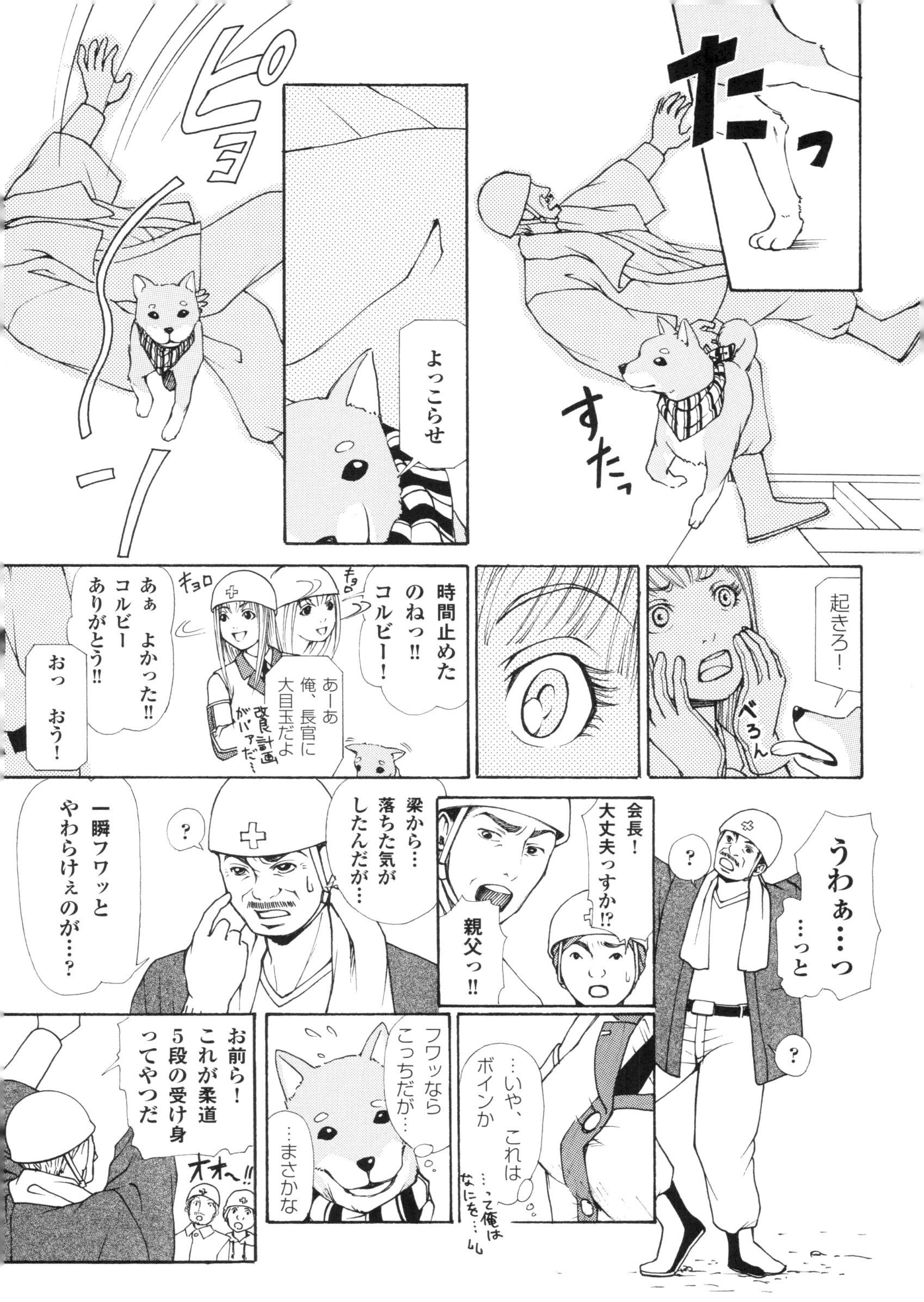
たっ
すたっ
よっこらせ
ピョ
起きろ!
べろん
時間止めたのねっ!! コルビー!
キョロ
キョロ
あぁ よかった!! コルビー ありがとう!!
あーあ 俺、長官に大目玉だよ
改良計画がパァだ…
おっ おう!
うわぁ…っ …っと
?
?
会長! 大丈夫っすか!?
親父っ!!
梁から…落ちた気がしたんだが…
?
一瞬フワッとやわらけぇのが…?
…いや、これはボインか
…って俺はなにを…
フワッならこっちだが…
…まさかな
お前ら! これが柔道5段の受け身ってやつだ
オオ〜!!

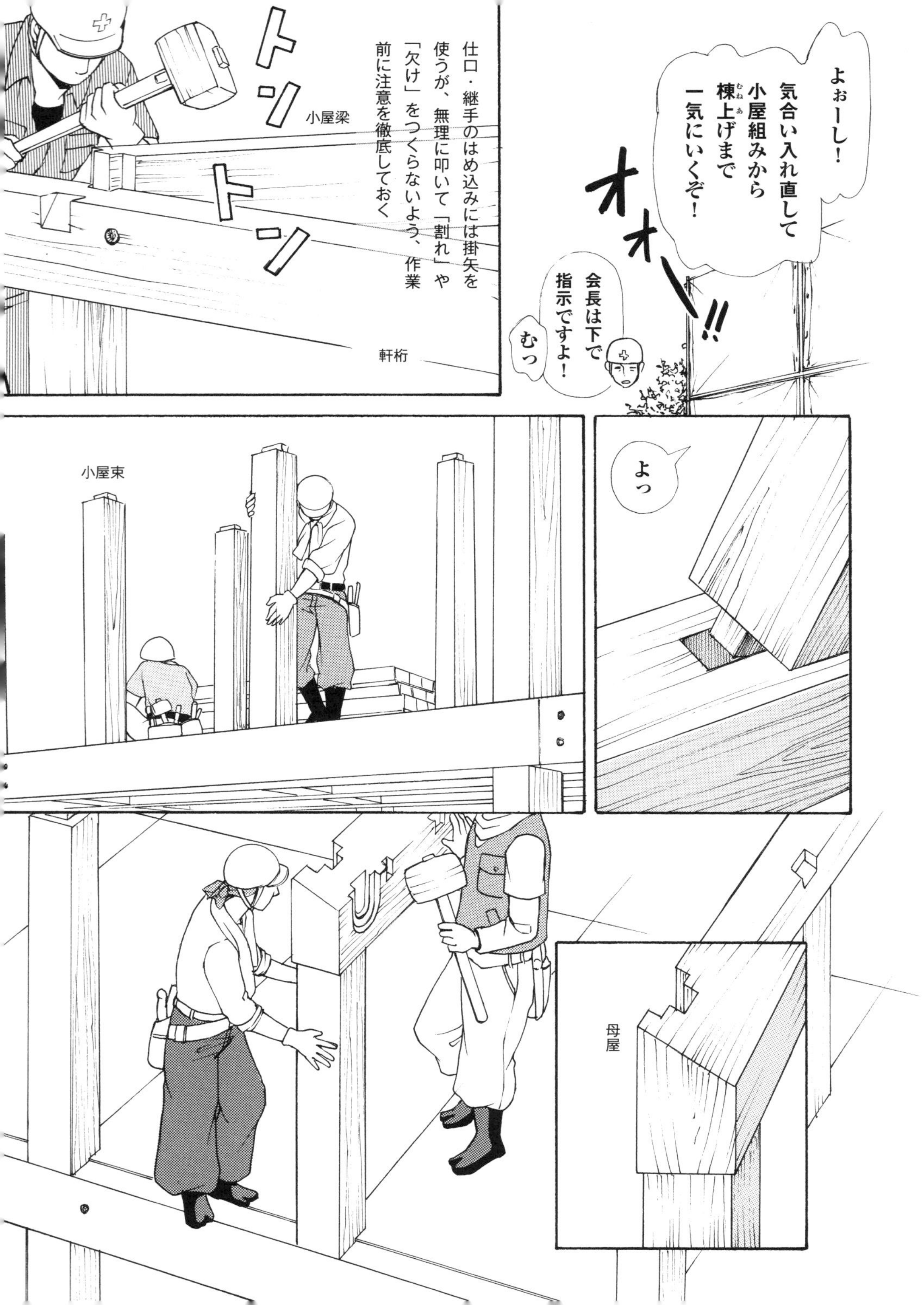
よぉーし！
気合い入れ直して小屋組みから棟《むね》上《あ》げまで一気にいくぞ！
オォー!!
会長は下で指示ですよ！
むっ
トッ
トン
仕口・継手のはめ込みには掛矢を使うが、無理に叩いて「割れ」や「欠け」をつくらないよう、作業前に注意を徹底しておく
小屋梁
軒桁
よっ
小屋束
母屋

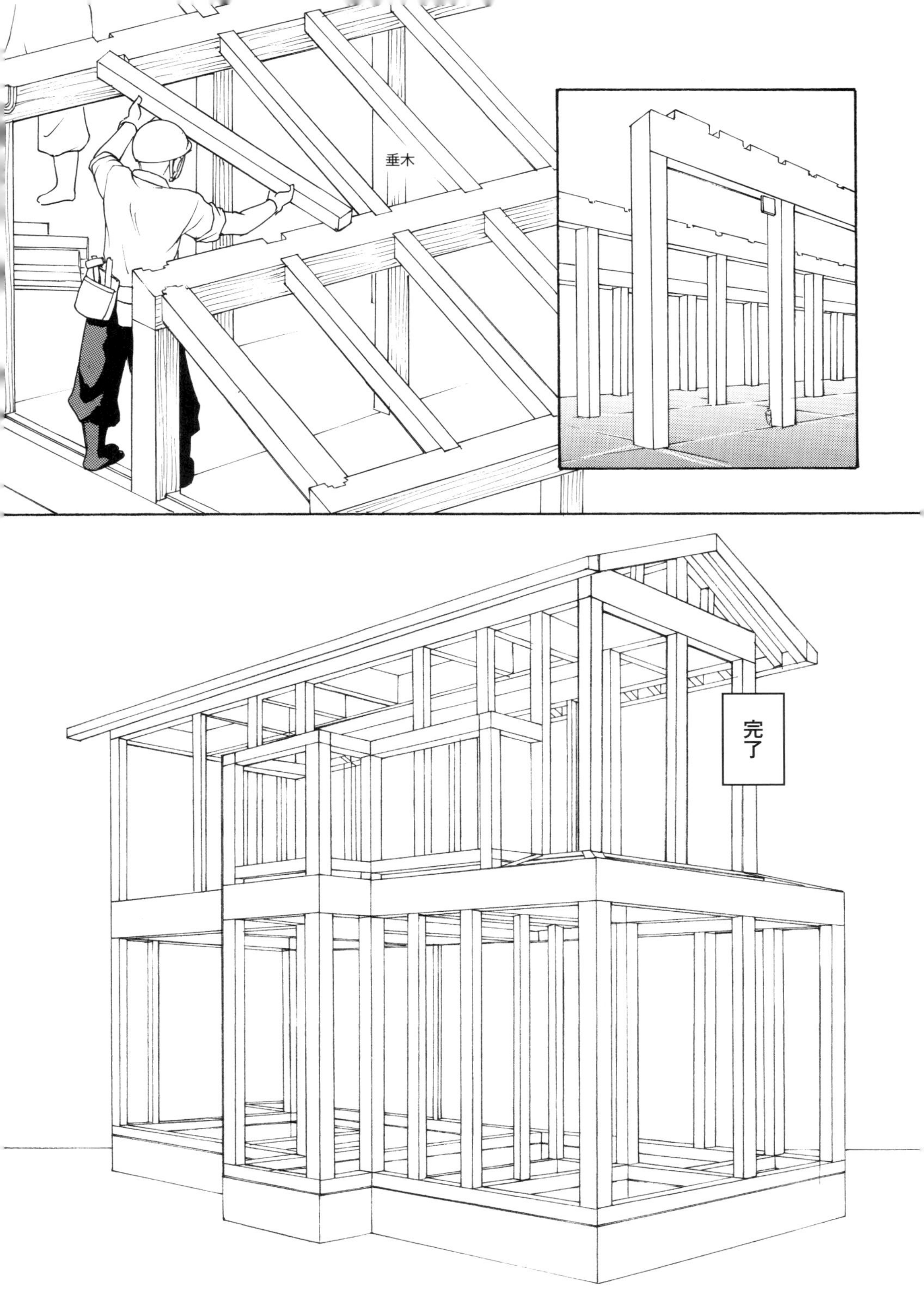
垂木
完了

昔は このタイミングで 上棟式をやった んだけどねぇ
そうそう 餅なんかまいて 近所の子供たちも 集まってさ
最近じゃみんな クルマの運転が あるからって 酒も出やしねぇ
会長、今日は おとなしく 帰りましょう サルも木から 落ちたことだし…
うるせぇ! それを言うなら 弘法も筆の誤り ってな!
…茜ちゃん どっちの 意味も分かって ないよね…
どっちでも いいですけど… じゃ、会社で一杯 やりましょうか!
いやっ! それが一番 いけねえや
屋根の構成
みんな! 今日は昼過ぎから 雨になるらしいから ルーフィングまで 一気にやっちまおう
うぃーっす

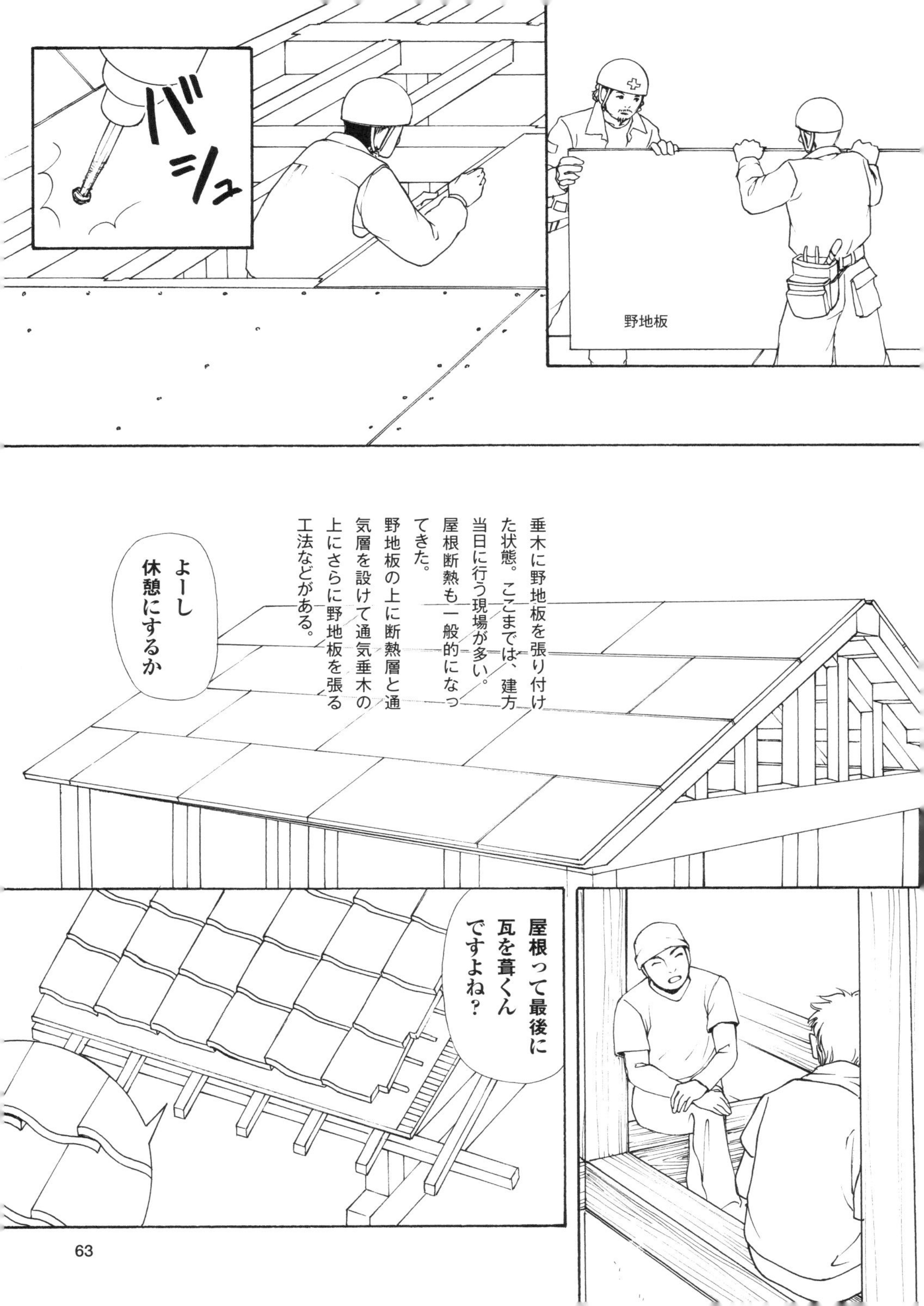
バシュ
野地板
垂木に野地板を張り付けた状態。ここまでは、建方当日に行う現場が多い。屋根断熱も一般的になってきた。野地板の上に断熱層と通気層を設けて通気垂木の上にさらに野地板を張る工法などがある。
よーし休憩にするか
屋根って最後に瓦を葺くんですよね？

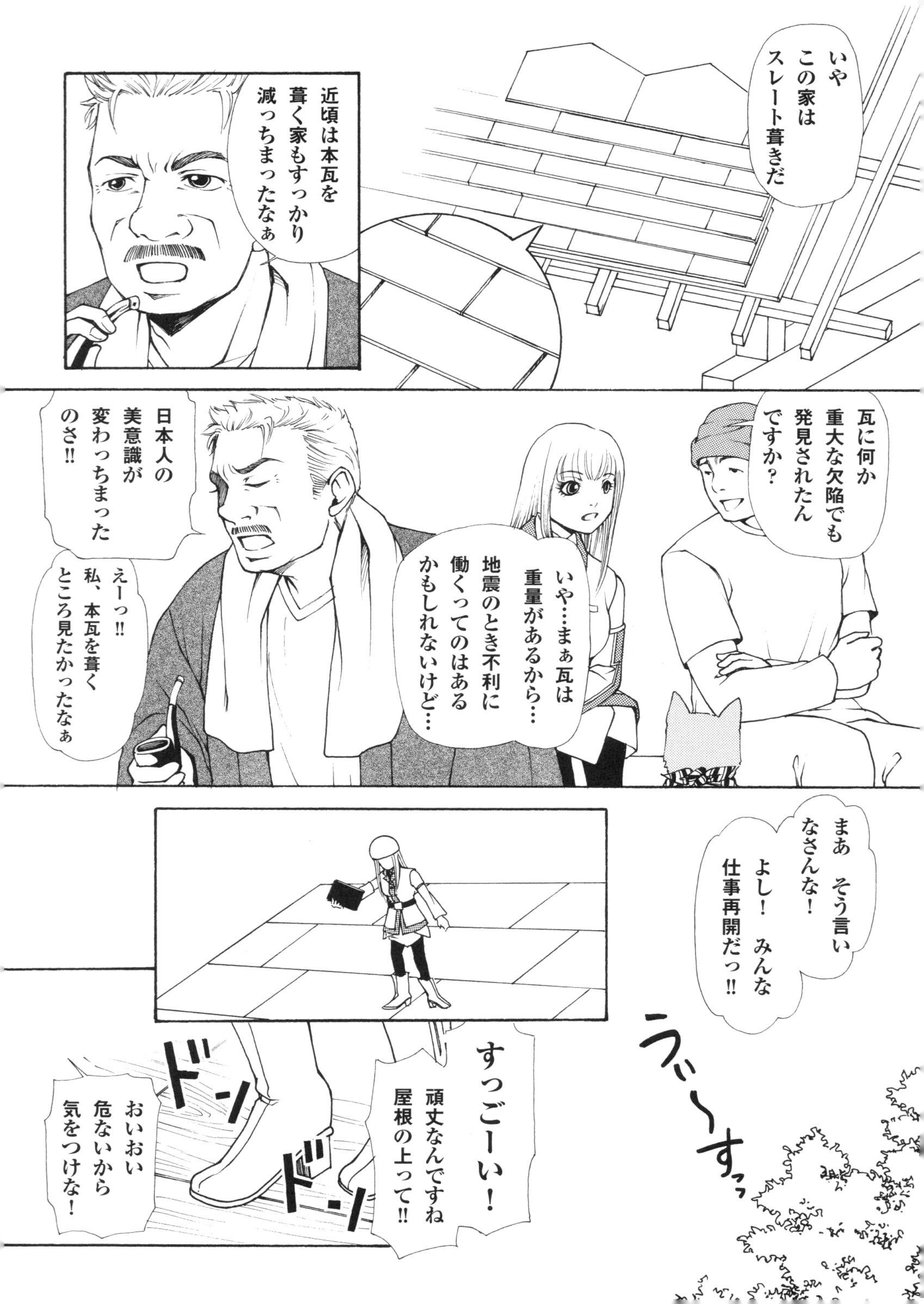
いや この家は スレート葺きだ
近頃は本瓦を 葺く家もすっかり 減っちまったなぁ
瓦に何か 重大な欠陥でも 発見されたん ですか？
いや…まぁ瓦は 重量があるから… 地震のとき不利に 働くってのはある かもしれないけど…
日本人の 美意識が 変わっちまった のさ!!
えーっ!! 私、本瓦を葺く ところ見たかったなぁ
まあ そう言い なさんな！ よし！ みんな 仕事再開だっ!!
うぃ〜すっ
すっごーい！
頑丈なんですね 屋根の上って!!
ドーン
ドーン
おいおい 危ないから 気をつけな！

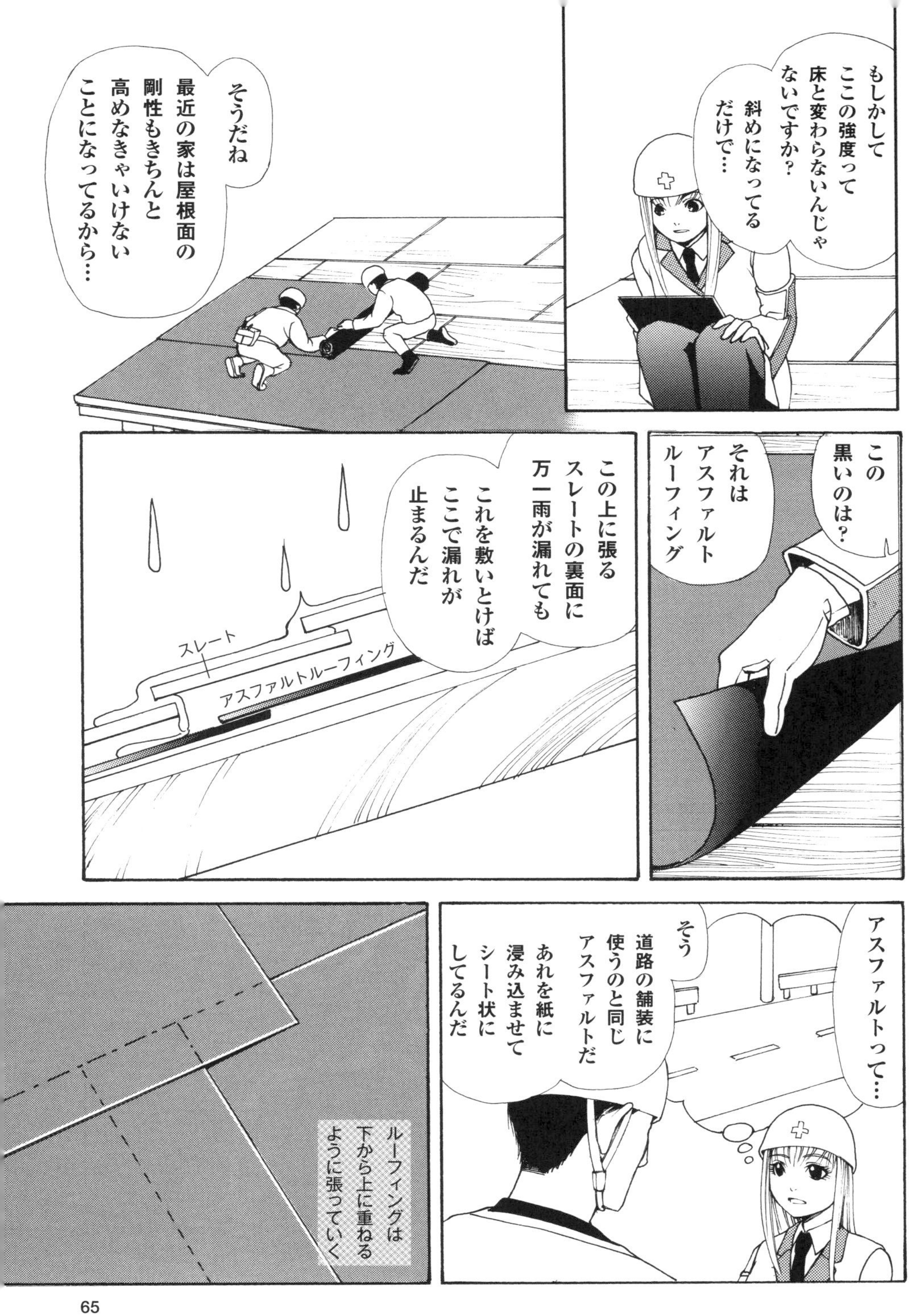
もしかしてここの強度って床と変わらないんじゃないですか？斜めになってるだけで…
そうだね最近の家は屋根面の剛性もきちんと高めなきゃいけないことになってるから…
この黒いのは？
それはアスファルトルーフィング
この上に張るスレートの裏面に万一雨が漏れてもこれを敷いとけばここで漏れが止まるんだ
スレート
アスファルトルーフィング
アスファルトって…
そう
道路の舗装に使うのと同じアスファルトだあれを紙に浸み込ませてシート状にしてるんだ
ルーフィングは下から上に重ねるように張っていく

ここでは200㎜の重ね代《しろ》をとっている
時代とともに材料は変わったけど雨を外に逃がす工夫は昔の茅葺《かやぶ》き屋根と同じ原理だ
なんでいまは茅葺きをやめてしまったんですか？
茅を採る人もほとんど葺ける人もいなくなったって理由もあるだろうけど…
いちばんは防火とか防水とか耐久性とか…材料としての性能的な理由が大きいいね
そういえば！この時代から水と大気の汚染が急速に進んで茅は140年後に絶滅するんだったわ
ボソ ボソ
…
ぁ すみません
それより屋根の形ってどんなに複雑でも大工さんは平気なんですか？
う〜ん
平気は平気だけど複雑なほど漏水の危険性は高まるね
谷になる部分がいっぱいできるとルーフィングも慎重に張らなくちゃいけない重ね代を十分に取ったりしてね

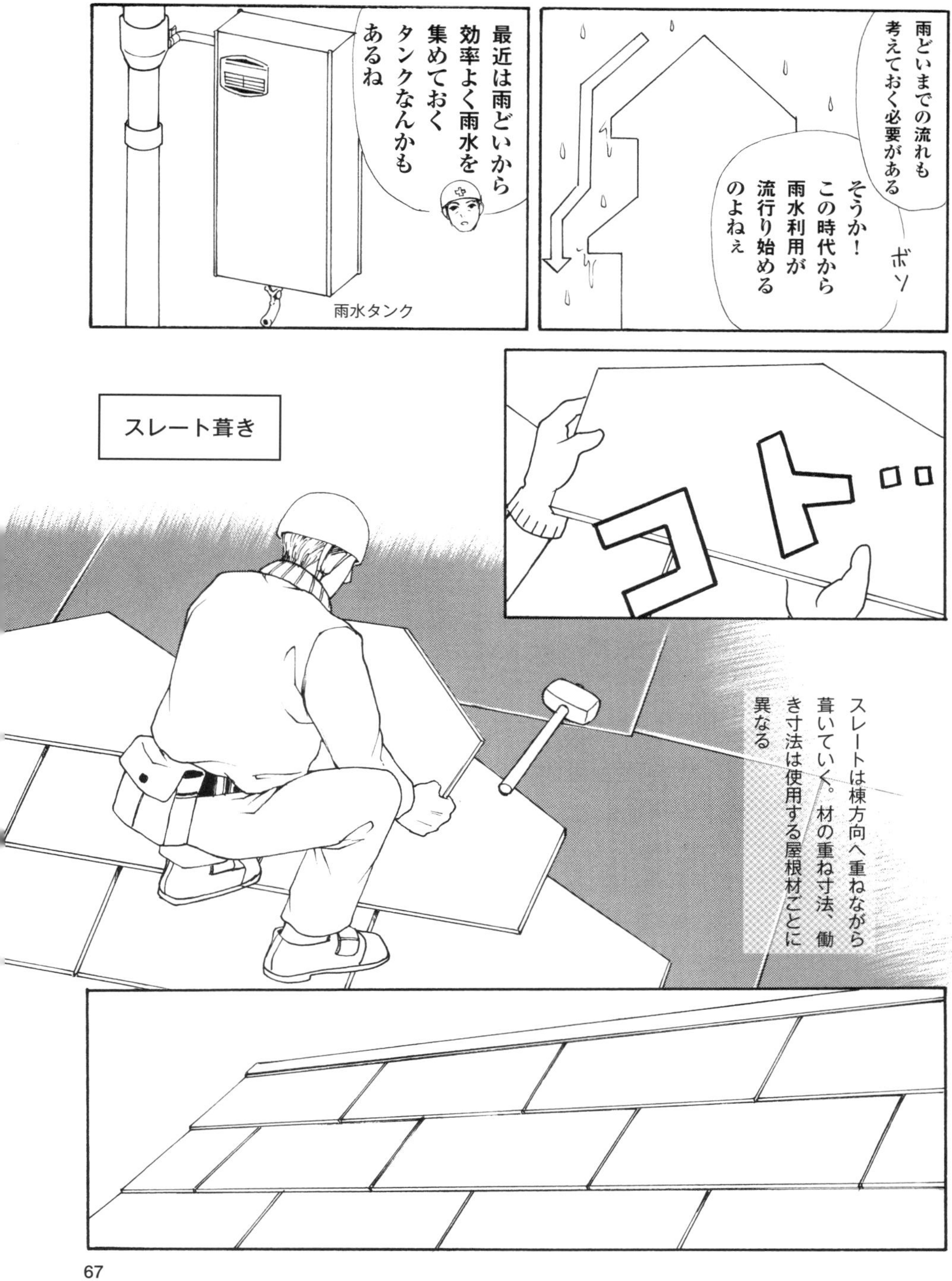
雨どいまでの流れも考えておく必要がある
そうか！この時代から雨水利用が流行り始めるのよねぇ
ボソ
最近は雨どいから効率よく雨水を集めておくタンクなんかもあるね
雨水タンク
スレート葺き
コド
スレートは棟方向へ重ねながら葺いていく。材の重ね寸法、働き寸法は使用する屋根材ごとに異なる

下葺き材の施工

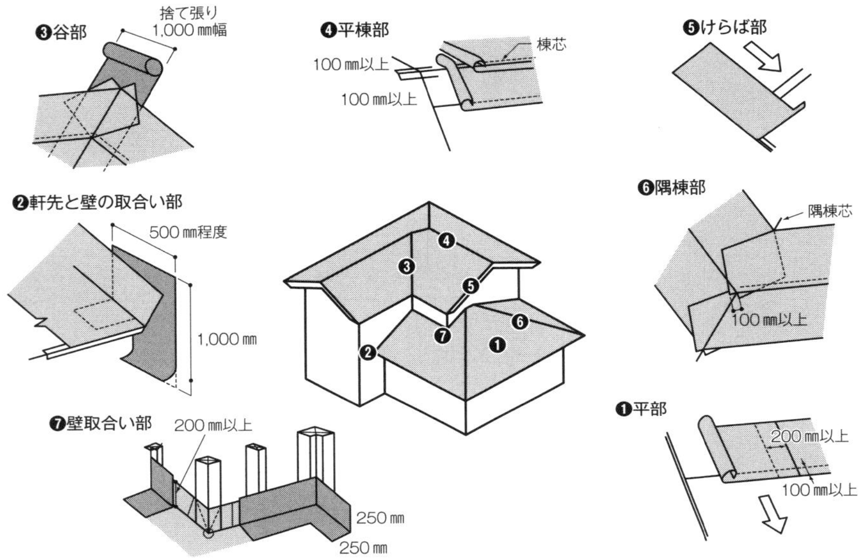

屋根の主な材料とその特徴

屋根材		特徴	勾配
瓦		粘土で形をつくり、耐候性を高めるために釉薬をかけて焼いた釉薬瓦と、釉薬をかけないいぶし瓦がある。意匠的には洋瓦と日本瓦、その他さまざまな形状がある	4寸勾配以上
化粧スレート		スレートとはセメントと繊維を固めた板。軽く、安価なため、多くの住宅で採用されている。表面の塗装で耐候性を保つため、定期的に塗り替える必要がある	3寸勾配以上
金属系	銅板	古くから屋根に使われてきた材料で、耐久性が高いだけではなく、加工性も高いため、細かい細工が可能	平葺き：3寸勾配以上 瓦棒葺き：1寸勾配以上（屋根の長さが短かければ、0.5寸勾配も可能）
	ステンレス鋼板	多くはステンレス鋼板に塗装した製品を使用。耐久性が高く、表面の塗装の塗り替えが必要でも、ステンレス鋼板そのものは半永久的に使用できる	
	ガルバリウム鋼板	亜鉛とアルミの合金を鉄板にメッキしたもの。鉄板に比べ、はるかに耐候性・耐久性が高く、メーカー保証で10年、実際にはそれ以上長持ちする	

軒先の詳細

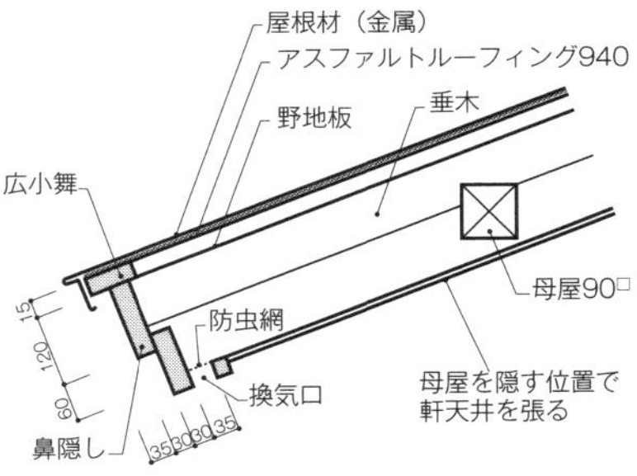

鼻隠しを2段にすると軒先がシャープに見える

ポッ
ポッ
よ～し 今日はだいたい こんなもんだろ
本降りに なんないうちに 道具しまって 引き上げよう
おう！ 振一郎 昨日、昼から茜と どっか行くって 話してたよな？
そうで～す♪ これから プレカット工場に 行きまーす！
会長も どうです？ プレカットが 出始めの頃に 行ったきりでしょ？
ふんっ!! あんなコンピュータが 勝手に刻んでる 工場なんて――
ええっ!!
プレカット工場って コンピュータ管理 なんですか？
てっきり大勢の 大工さんが 鋸《のこぎり》とノミで… 木を削ってる のかと…
最近はCADと 連動しているから 僕らもCADデータで チェックしてるだけで 実際に作業風景を 見ることは 減ってるんだよ
だから最近の 大工は大工じゃ ねえんだ
中工…いや 小工だな
まあまあ そう言わずに 途中で「橋そば」でも 食べましょう
そりゃいいな！
茜！ うめぇぞ 「橋そば」は 昔ながらの 手打ちだ
そばっ♥
会長 残念ですが 「橋そば」 もだいぶ 前から機械打ちです
なにっ!!

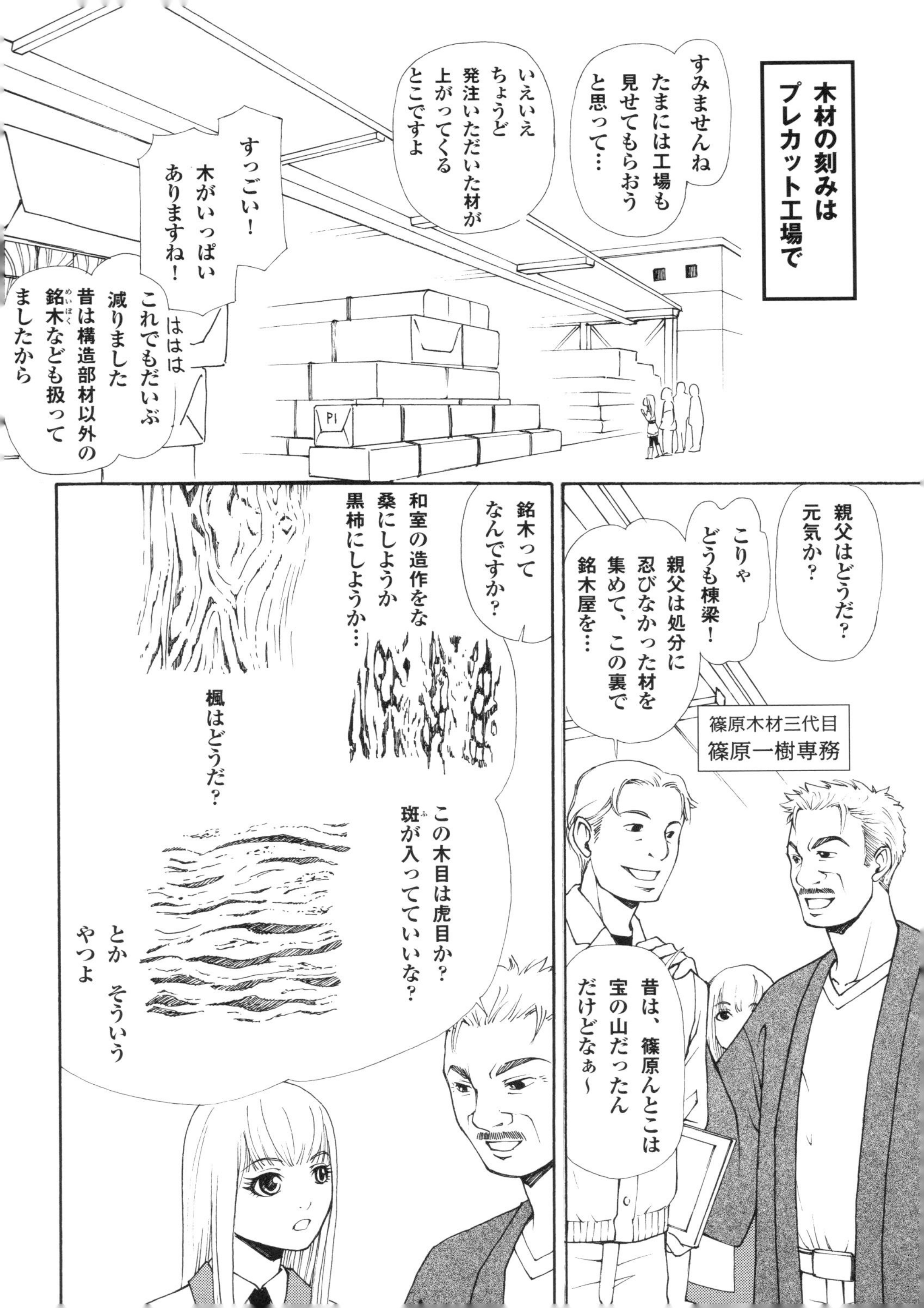

木材の刻みはプレカット工場で
すみませんね たまには工場も見せてもらおうと思って…
いえいえ ちょうど発注いただいた材が上がってくるとこですよ
すっごい！ 木がいっぱいありますね！
ははは これでもだいぶ減りました 昔は構造部材以外の銘木《めいぼく》なども扱ってましたから
親父はどうだ？ 元気か？
こりゃどうも棟梁！
親父は処分に忍びなかった材を集めて、この裏で銘木屋を…
篠原木材三代目 篠原一樹専務
昔は、篠原んとこは宝の山だったたんだけどなぁ～
銘木ってなんですか？
和室の造作をな 桑にしようか 黒柿にしようか…
楓はどうだ？
この木目は虎目か？ 斑《ふ》が入っててもいいな？
とか そういうやつよ

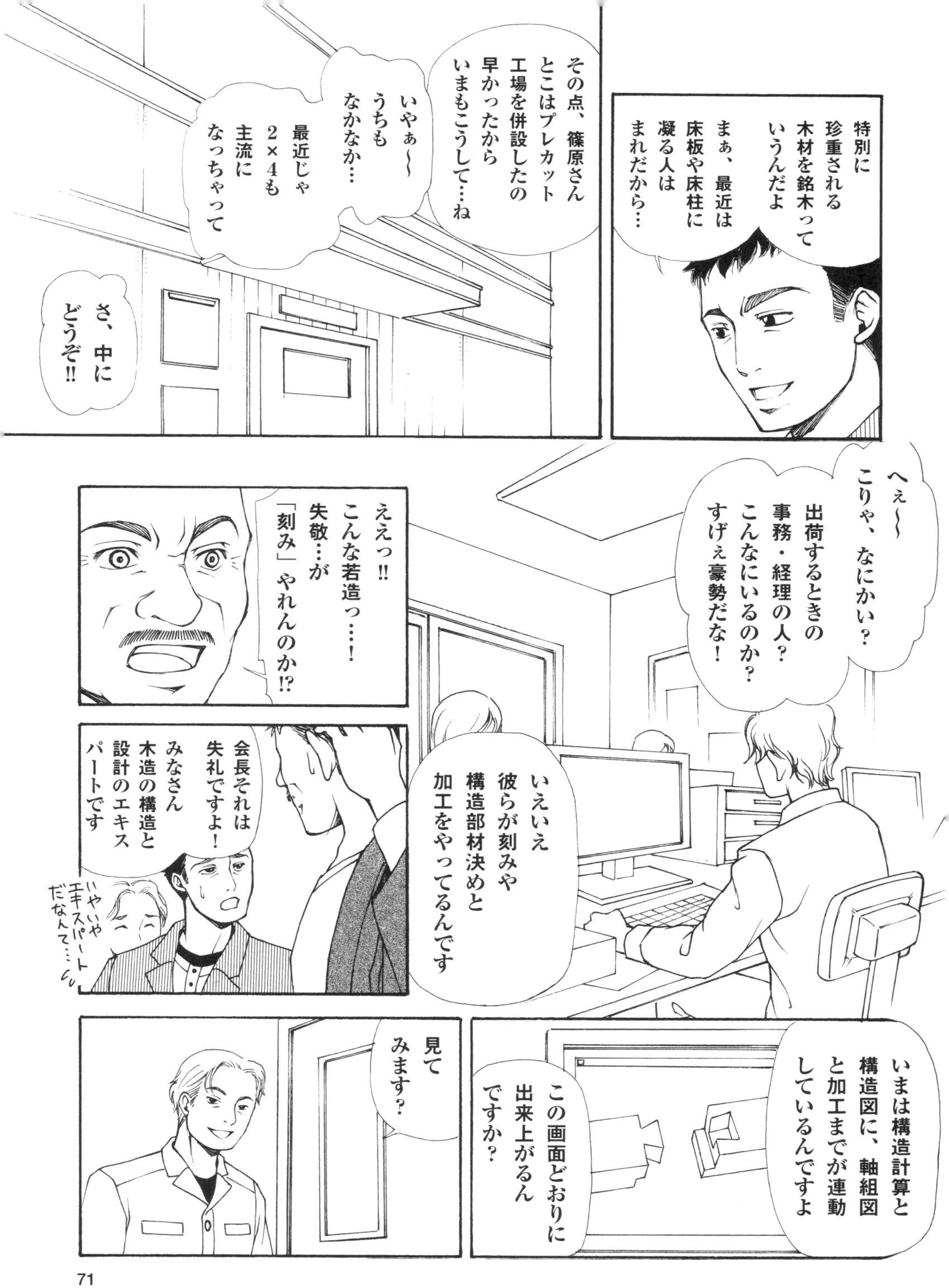
特別に珍重される木材を銘木っていうんだよ
まぁ、最近は床板や床柱に凝る人はまれだから…
その点、篠原さんとこはプレカット工場を併設したの早かったからいまもこうして…ね
いやぁ～うちもなかなか…
最近じゃ2×4も主流になっちゃって
さ、中にどうぞ!!
へぇ～こりゃ、なにかい？
出荷するときの事務・経理の人？こんなにいるのか？すげぇ豪勢だな！
ええっ!!こんな若造っ…！失敬…が「刻み」やれんのか!?
いえいえ彼らが刻みや構造部材決めと加工をやってるんです
会長それは失礼ですよ！
みなさん木造の構造と設計のエキスパートです
いやいやエキスパートだなんて…
いまは構造計算と構造図に、軸組図と加工までが連動しているんですよ
この画面どおりに出来上がるんですか？
見てみます？

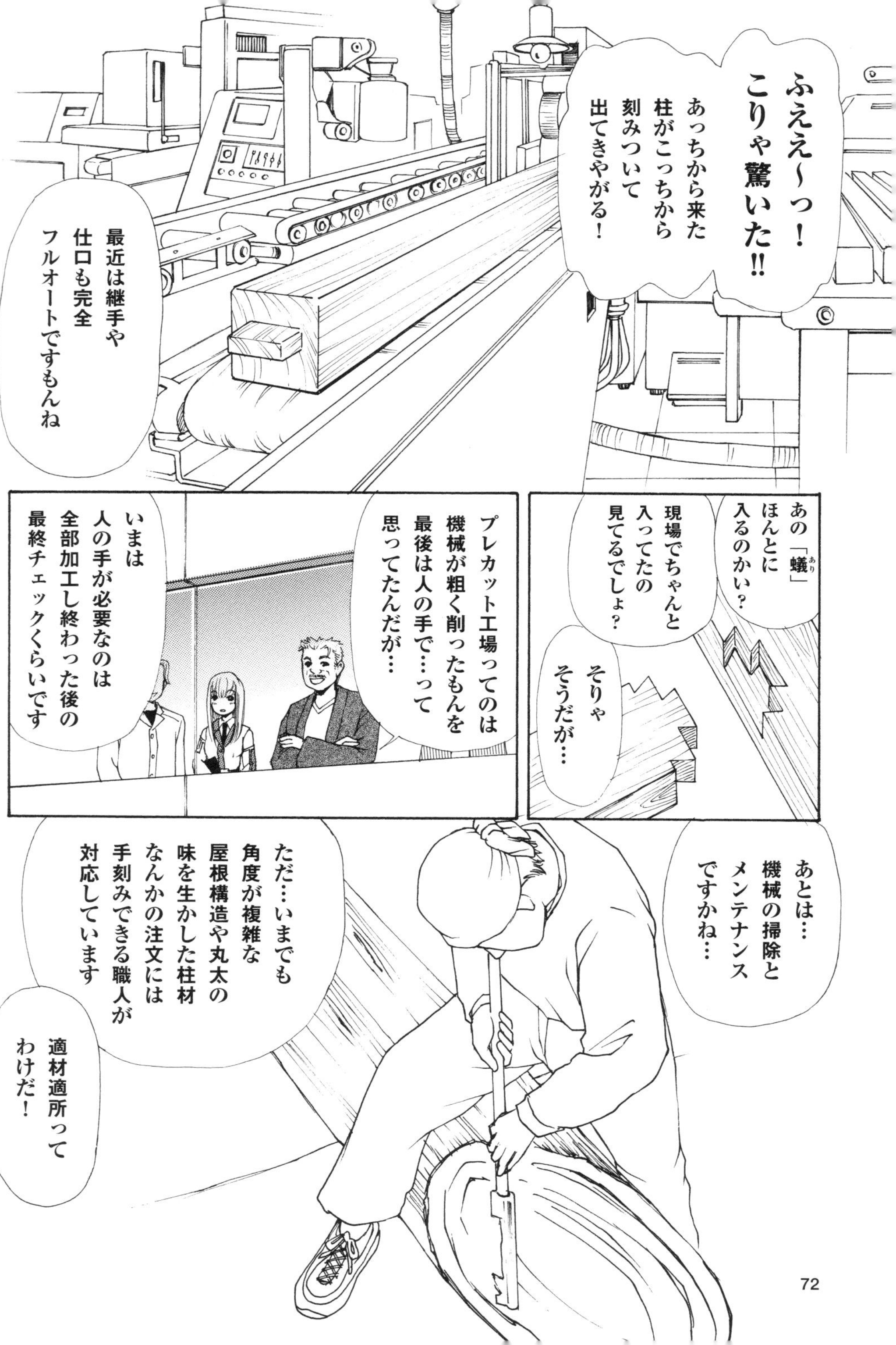
ふえぇ〜っ！こりゃ驚いた!!
あっちから来た柱がこっちから刻みついて出てきやがる！
最近は継手や仕口も完全フルオートですもんね
あの「蟻《あり》」ほんとに入るのかい？
現場でちゃんと入ってたの見てるでしょ？
そりゃそうだが…
プレカット工場ってのは機械が粗く削ったもんを最後は人の手で…って思ってたんだが…
いまは人の手が必要なのは全部加工し終わった後の最終チェックくらいです
あとは…機械の掃除とメンテナンスですかね…
ただ…いまでも角度が複雑な屋根構造や丸太の味を生かした柱材なんかの注文には手刻みできる職人が対応しています
適材適所ってわけだ！

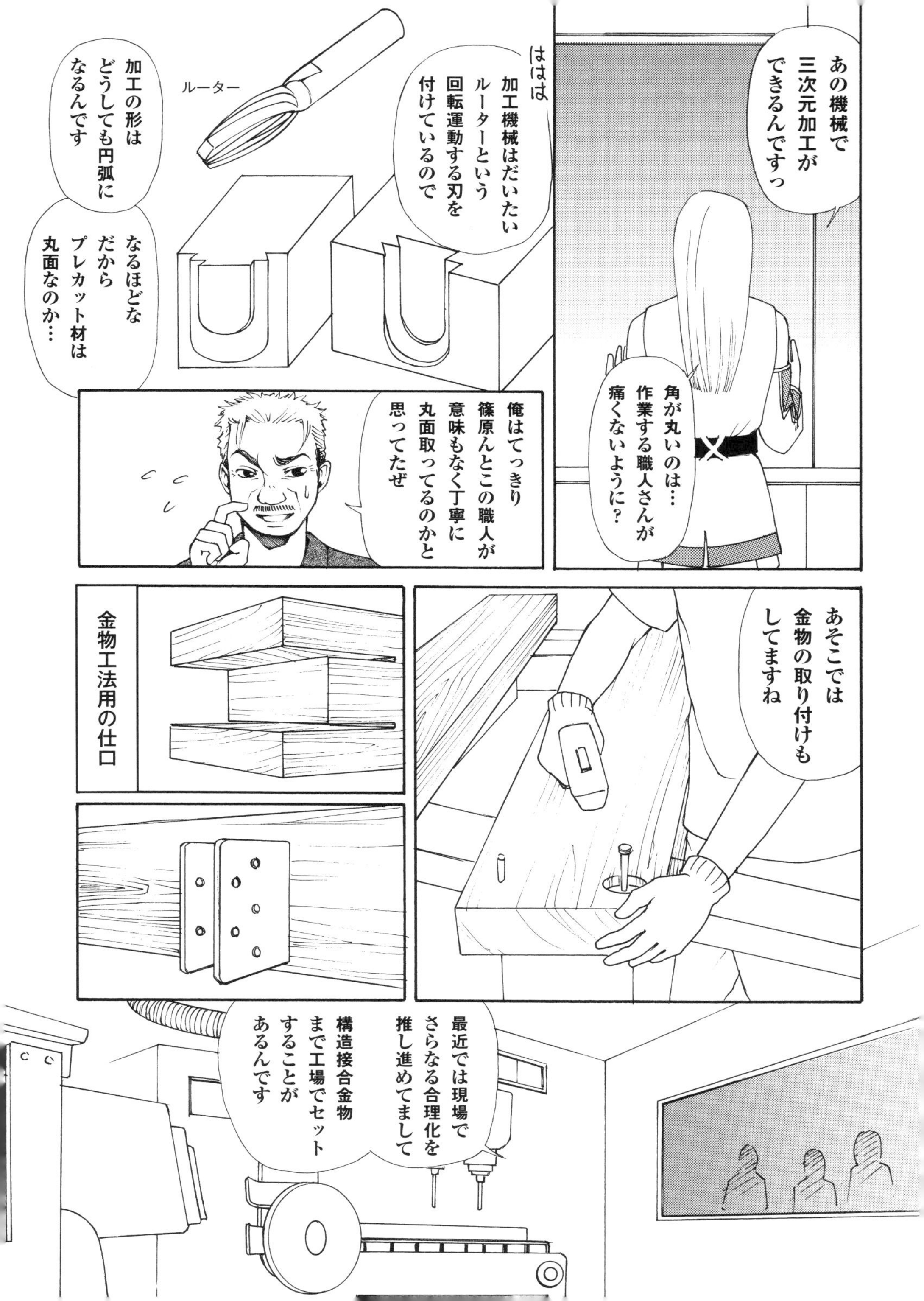
あの機械で三次元加工ができるんですっ
角が丸いのは…作業する職人さんが痛くないように？
ははは
加工機械はだいたいルーターという回転運動する刃を付けているので
ルーター
加工の形はどうしても円弧になるんです
なるほどなだからプレカット材は丸面なのか…
俺はてっきり篠原んとこの職人が意味もなく丁寧に丸面取ってるのかと思ってたぜ
あそこでは金物の取り付けもしてますね
金物工法用の仕口
最近では現場でさらなる合理化を推し進めてまして構造接合金物まで工場でセットすることがあるんです

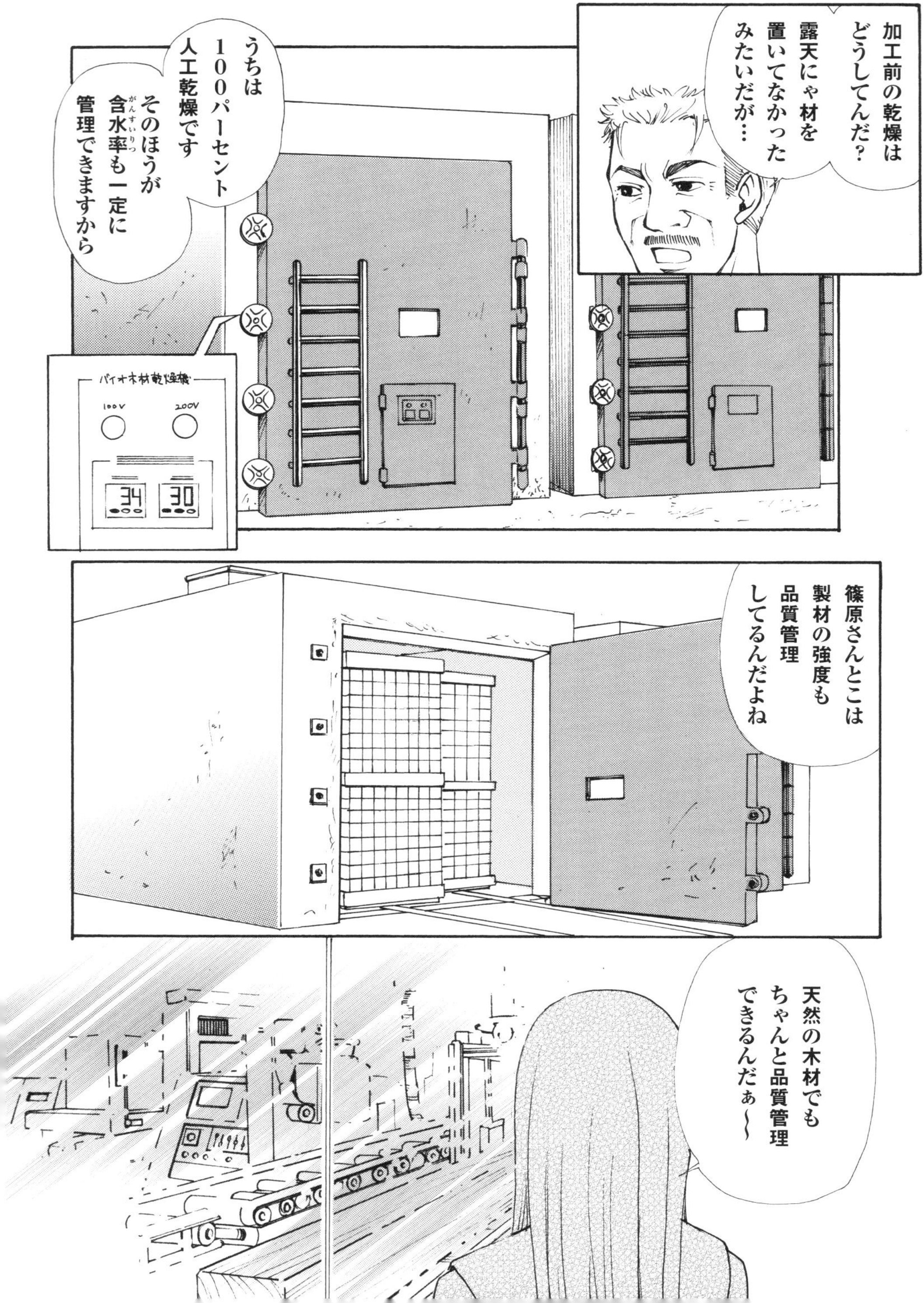
加工前の乾燥はどうしてんだ？露天にゃ材を置いてなかったみたいだが…
うちは100パーセント人工乾燥です
そのほうが含水率《がんすいりつ》も一定に管理できますから
バイオ木材乾燥機
100V
200V
34
30
篠原さんとこは製材の強度も品質管理してるんだよね
天然の木材でもちゃんと品質管理できるんだぁ〜

含水率とは

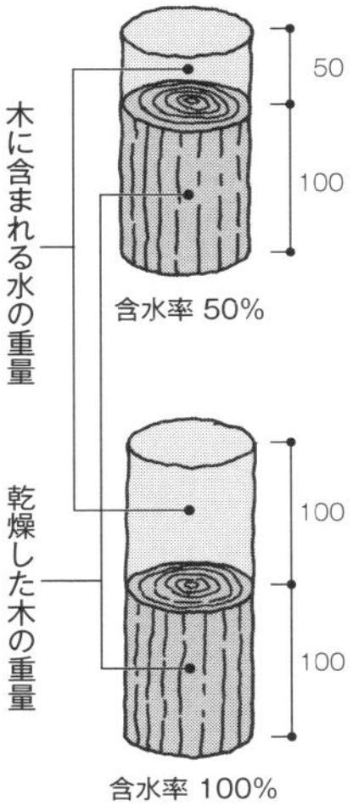
50
100
木に含まれる水の重量
含水率 50%
100
100
乾燥した木の重量
含水率 100%

天然乾燥

葉枯らし

樹木を伐採した後に枝葉を付けたまま林地内に放置しておき、樹幹内の水分を減少させる

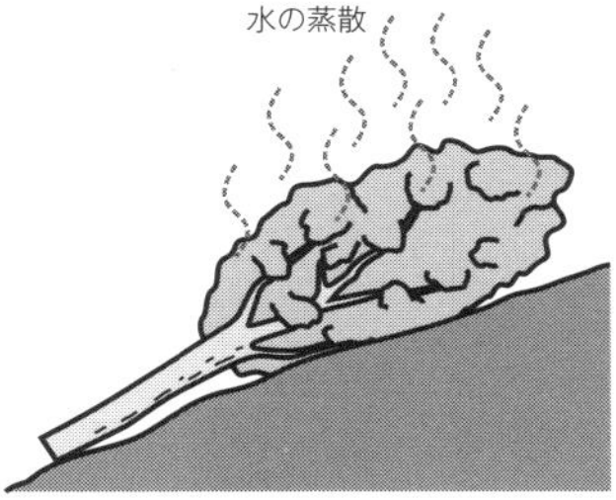
水の蒸散

葉の蒸散作用により、辺材から水分が抜ける。しかし、含水率を下げるにも短期間では限界がある

人工乾燥

除湿式乾燥法

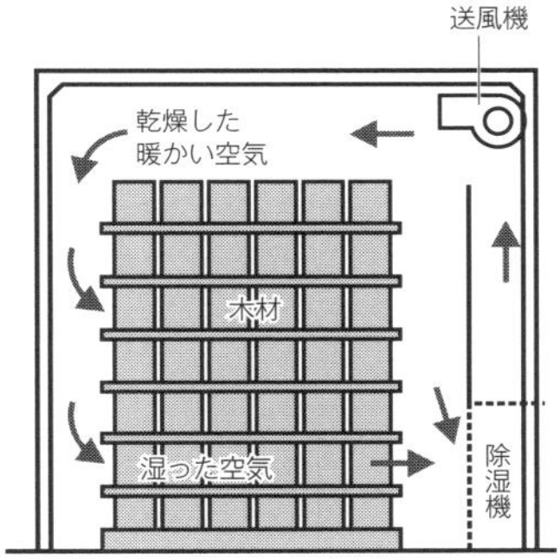
送風機
乾燥した
暖かい空気
木材
湿った空気
除湿機

電力を用いる除湿機により乾燥を進める方法。ただし、20%以下の低い含水率まで乾燥させる場合、乾燥効率が若干悪くなる

機械といえどもいい仕事するもんだなぁ〜
コンピュータで材木をカットするってすごいですね!
工場全体が台所みたいでした!
皮むきして削って、切り揃えて…
プレカット野菜ってわけか!
料理もサッサ! 建築もサッサって!
あぁ…違えねぇ
…なんだか急ぎすぎのような気もするけどな…
……

第3話 断熱

ミクロの断熱決死圏

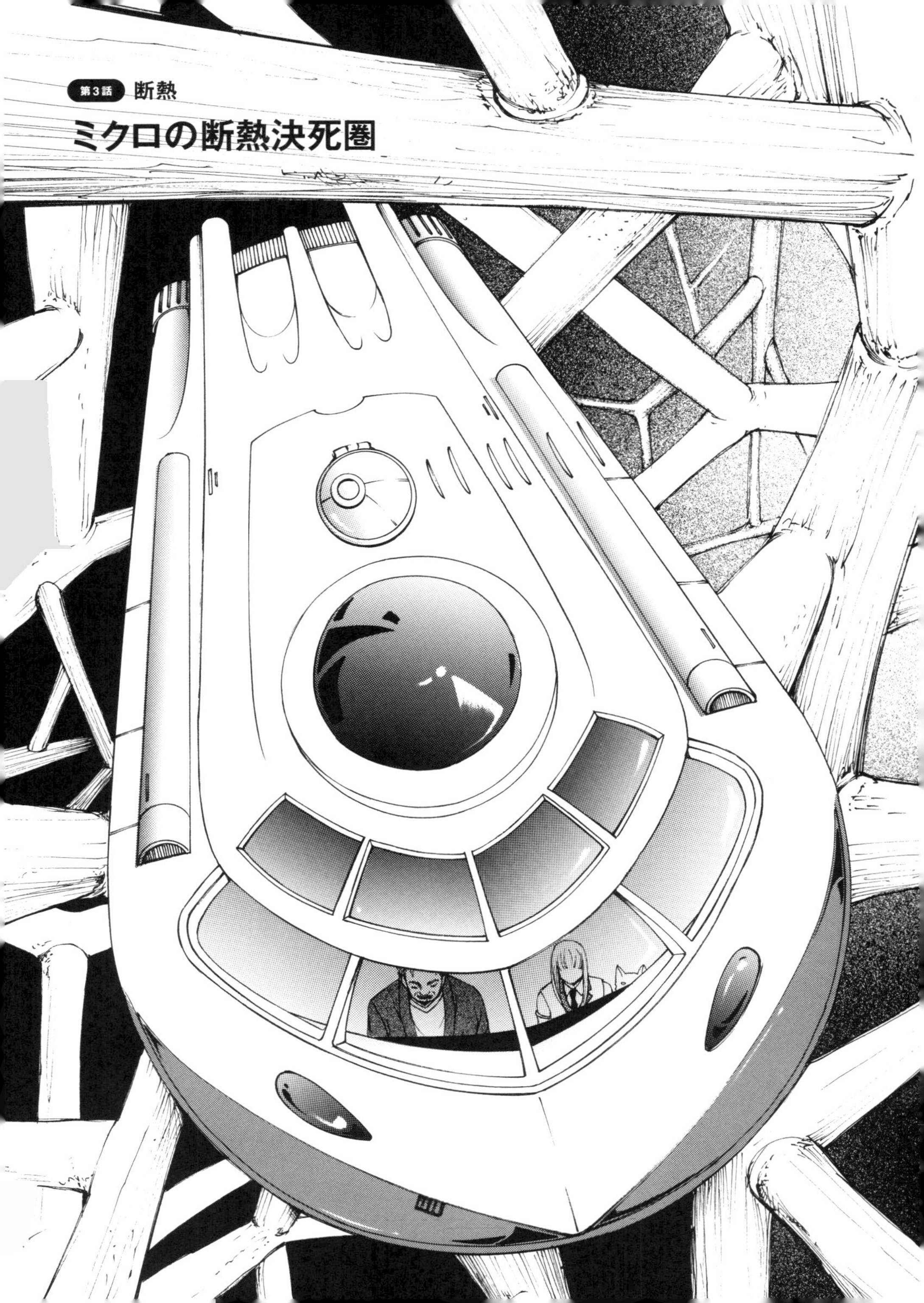

う〜
もぞ…
さぶい…
そうか? 俺は気温が下がって調子いいぞ!
犬って寒いの好きだもんね
気温が低いほうが人工知能の処理能力がアップするのさ!
頭が冴えまくってる!
茜ちゃーん! こっちに来ればあったかいわよ
この家も築50年だからなぁ
あちこちガタがきて特に冬場は冷えるんだ
いや親父 家が古いからじゃなくて この家は断熱材を全然入れてないからだろ?
そろそろうちも断熱リフォームしようよ

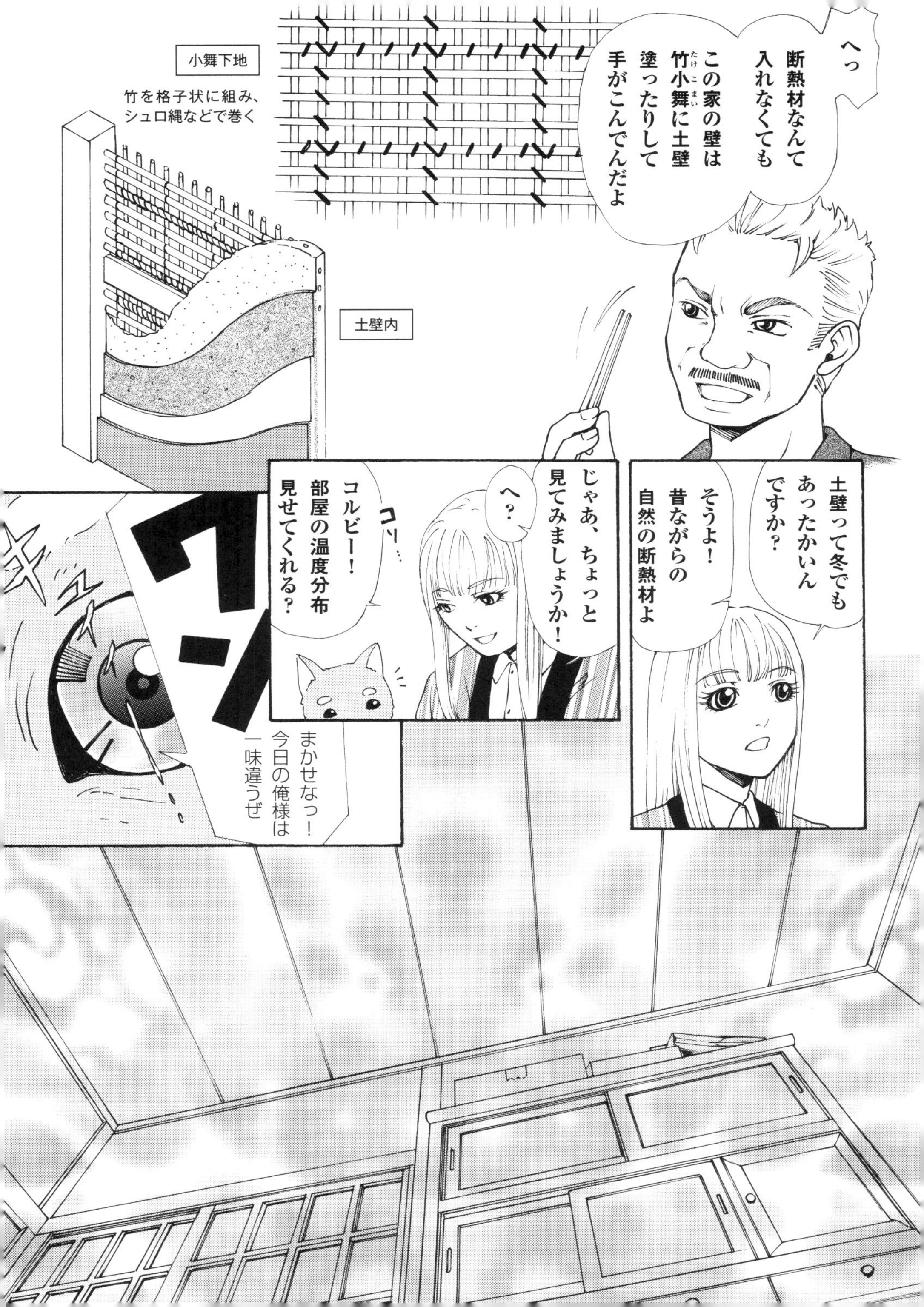
へっ
断熱材なんて
入れなくても
この家の壁は
竹小舞《たけこまい》に土壁
塗ったりして
手がこんでんだよ
小舞下地
竹を格子状に組み、
シュロ縄などで巻く
土壁内
土壁って冬でも
あったかいん
ですか？
そうよ！
昔ながらの
自然の断熱材よ
じゃあ、ちょっと
見てみましょうか！
へ？
コリ…
コルビー！
部屋の温度分布
見せてくれる？
ワーン
キュ
まかせなっ！
今日の俺様は
一味違うぜ

え～っと
なになに
壁もそうですが
窓から外へ逃げてく
熱の量がすごいですね
それと…
部屋の隅のほうの
温度が急激に
下がっている……
これじゃあ
暖房を
きかせれば
きかせるほど
温度差が大きく
なって窓に大量の
結露が生じますね
まぁ
結露以前に
すきま風が
問題ですけど
極端に言えば
ほとんど外に
いるのと
変わりませんね
うん
うん
はい
おかわり
茜ちゃん
よく分かってる
じゃない！
あんたの言うとおり
窓の結露はひどいわ
すきま風は入るわ…
なんでい
お前まで！
冬ってのはちょっと
くらい寒いもんだ！
そんなこと
言ってると今に
プツっといくよ！
温度差が激しい
場所を行き来してると
部屋ん中でも
脳の血管切れ
ちまうんだから！
あら
そうなん
ですか？
あぁ　この前
MHKでやってたよ
脱衣室なんかが
一番危ないらしいね
ふんっ！
皆で寄ってたかって
俺の家をバカに
しやがって！
ちょっとくらい
我慢しやがれ！
ずず…
あたしゃ
こんな家で
死ぬのは
ごめんだね！

建物を出入りする熱

夏季の冷房時（昼）に開口部を介して
熱が流入する割合 **74%**

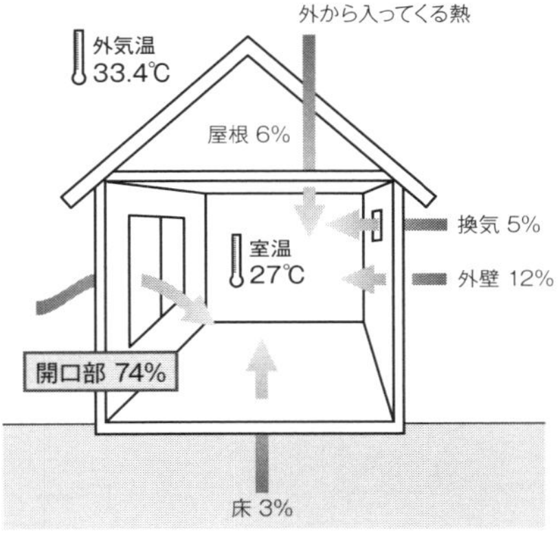
外から入ってくる熱
外気温
33.4℃
屋根 6%
換気 5%
室温
27℃
外壁 12%
開口部 74%
床 3%

冬季の暖房時に開口部を介して
熱が流出する割合 **52%**

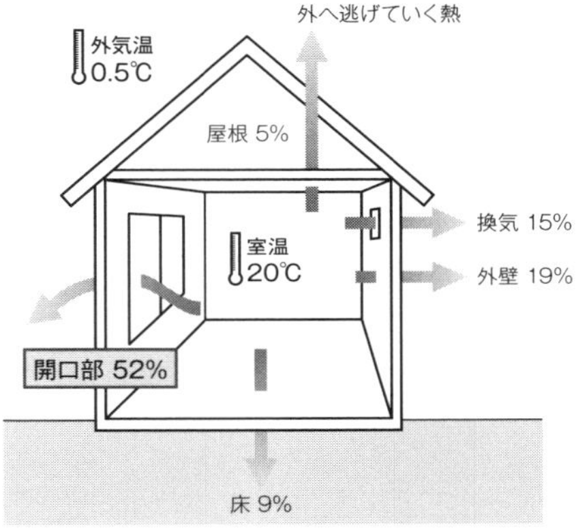
外へ逃げていく熱
外気温
0.5℃
屋根 5%
換気 15%
室温
20℃
外壁 19%
開口部 52%
床 9%

注　1999年の省エネ基準で建てた住宅モデルの数値

事予定表
茜ちゃん 今日は省エネにこだわって建ててる住宅の現場に行くけどよかったら一緒にどう？
ちょうど断熱材を入れてるとこなんだ
行きます！ 行きます!!
親父もどう？ 土壁ばかりが住宅の壁じゃないよ
…

断熱の仕組み
茜ちゃんは断熱の知識けっこう持ってるみたいだね
あ…いえ 私の時《じ》だ… じゃなくて 私が住んでた家には断熱材が
たくさん入ってるって聞いたことがあって…
あぁ…日本でも北海道みたいに寒さが厳しい地域は断熱の有無が生命に関わることもあるからね
断熱って冬に部屋の中が寒くならないように家中を毛布でくるむものと思えばいいですか?
冬だけじゃないよ 断熱は夏にも効果的なんだ
要は家の中が外気温の影響を受けにくくするための工事が断熱工事
熱の流入を防ぐ
熱の流出を防ぐ
断熱材でコーティング
断熱材には主に二種類あってね
建物の内外で熱の伝導を抑えるのが目的なんだよ

一つは羊毛を袋詰めしたような「繊維系断熱材」
もう一つは発泡スチロールを大きくしたような「発泡プラスチック系断熱材」
PUF
PUF
まぁ どちらも原理は同じで微細な空気で熱の移動（対流）を抑えるんだ
空気で？
そう！断熱材は言ってみれば空気の固まり
断熱材内部のイメージ
意外かもしれないけど僕たちの身の回りにあるもので熱の伝導スピードが一番遅いものが「空気」なんだよ
だから空気（気泡）がいっぱい詰まった断熱材で家をくるむと——
外気 30℃
上の方少し暑くね？
快適～♪
そう？
室内 24℃
気温の変化が抑えられるわけだ——
なるほど～

断熱の仕組み

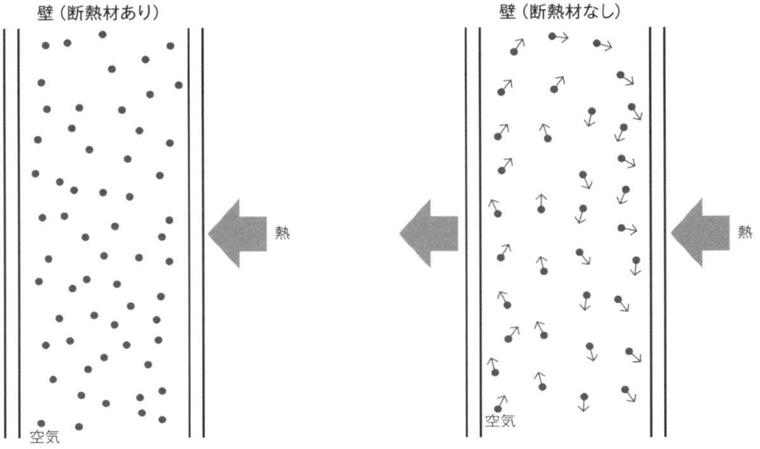

空気が対流しにくいので、熱が伝わりにくい　　空気が対流するので、熱が伝わりやすい

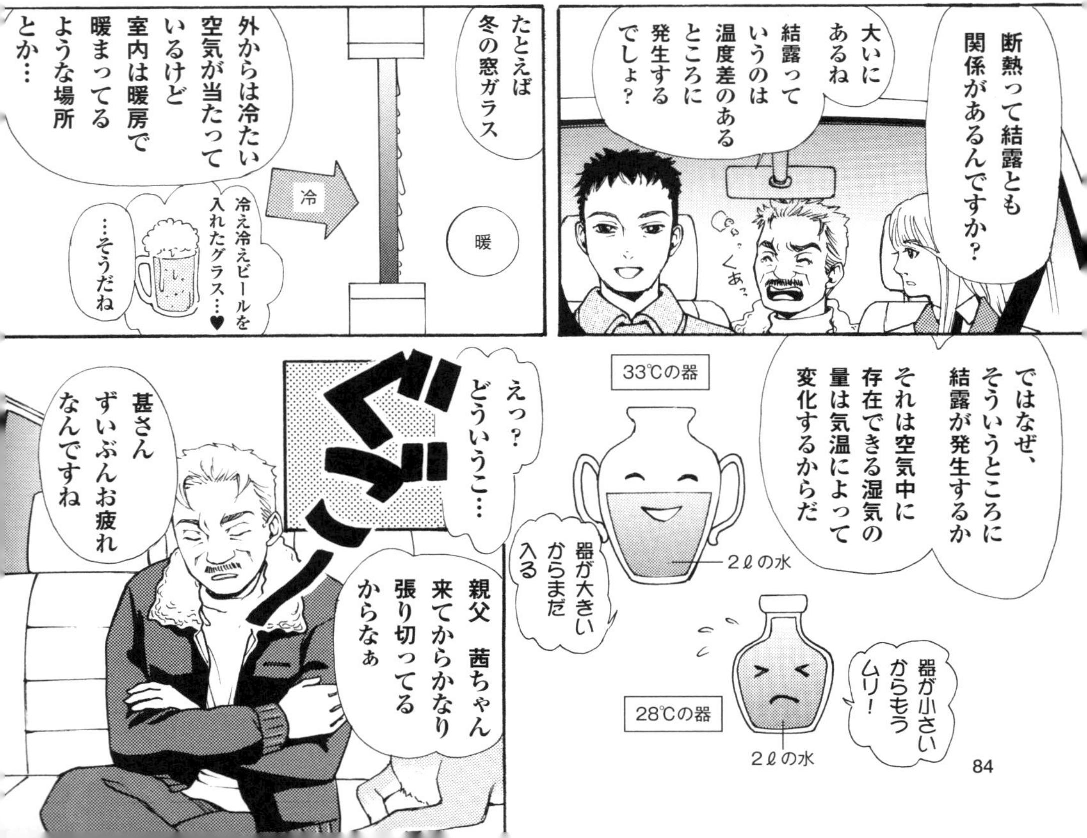

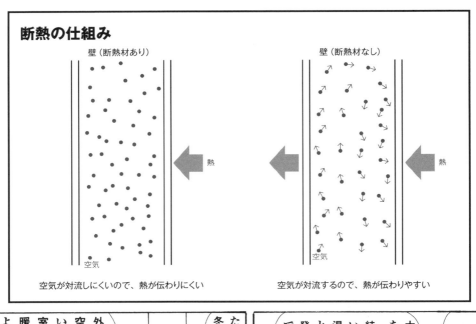

壁内結露の仕組み
ぐごー
ぐごー
ぐっ
ん？
どこだ？ ここは!?
ありゃ 俺は 車で寝てたはず…
これはこれは 棟梁！
ようこそ 壁内結露の 世界へ！
……ようこそって…
なんで綿飴が しゃべるんでい！
あはは 綿飴だなんて！
おもしろい
私は 水蒸気！
いろんな ところを くぐり抜け
どこへ 行こうが 思いのまま
ぼわんっっ
うおっ!!

そっ そういうのは幽霊ってんだっ!!
つーか俺は死んだのか?!!
んも〜棟梁ってば!!
冗談きついな〜〜♪
――分かりました実体験しちゃいましょ!
ポーン
へっ? 俺の家?
は?
そう! 安心しました? では、さっそく壁の中へ入りましょっか♪
さっ こっちです!
ぐいっ
ずずっ…
のわあああああぁぁぁ…
ポン
…ここが?
そうです棟梁ん家の壁の中♪
……あ…?
ご感想は?

フンフン
土臭え…
棟梁の家は昔ながらの土壁ですから私たちが寝たり起きたりするにはとてもいい環境です
へへっ ま 俺の仕事だからな！
でもよかったのは昔の話！今の時代では大いに問題ありです
ピク
…なんだと!?
私たち「水蒸気」は気温によって水にも水蒸気にもなります
たとえばある温度の空気中に水蒸気が一定量存在したとします
7人までなら暮らせます!!
例
33℃
余裕ね
しかしそこから温度が下がると空気中にそれ以上は水蒸気として存在できない境界が現れます
それが「飽和水蒸気量」
28℃
きゅうくつね
うち定員4人になりました!!
ほ…ほん…わか？
ほ・う・わ！
…でこいつはどうなるんでい？
俺になるのさ！

空気中に含まれる水蒸気の量

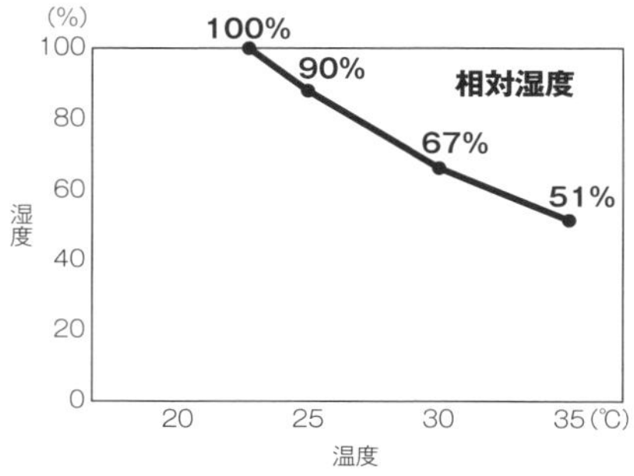

普段「湿度○%」というときの湿度は、正確には「相対湿度」と呼ばれる。これは、空気中に含むことのできる最大の水蒸気量（飽和水蒸気量）に対して、現在の水蒸気量が何%かを表したもの。飽和水蒸気量は、温度が上がればその受け皿が広がる。たとえば、気温28℃のときに湿度75%なら、水蒸気量は8畳間で約600g。しかし、気温が33℃まで上がると飽和水蒸気量も上がるので、同じ600gでも相対湿度は53%になる。

絶対湿度 0.018kg/kg
8畳間の気積 33.7 ㎥として算出

うおおおお
お、おっっ
わぷっ
うひょおっっ～
ビニールクロス
石膏ボード
断熱材
室外
着いたぜ？
お、おう
どうよ？このフカフカしたジャングル
なんか密林の奥みてぇだが
一本一本の枝はキラキラしてきれいだな
ここはお隣の家の繊維系断熱材の中です
へぇ～じゃ、この一本一本があのチクチクするガラス繊維か？
ん？まだ奥に続いてるみてぇだな、この洞窟は
あの…これ以上奥に行くのやめませんか？
あっちは外に近くて寒いんです
へへへっここはまだ部屋に近いから暖かいが…奥に行きゃ北風が入って寒いぜ
そういやなんだか肌寒いな
私…体が…
おいおい大丈夫かあんた…
体が…重い…
うう～…

野郎ども！
棟梁様をお連れしたぜ！
出てきなっ!!
――ったく この家の断熱工事は防湿気密シートの貼り方が雑なんだよ！
おかげで水蒸気が入り放題 みんなこの有様よっ！
どう落とし前つけるんじゃわれぇ
ま、俺たちが集まると喜ぶ連中もいるけどなっ!!
ちげーねぇ
ワラ
ワラ
おやおや よく見りゃ そこにいんのは水蒸気様？
ひひひ
なっ なんだおめぇらっ!!
くんなっ!!
ずいぶん苦しそうだなぁ
おい
ゲハハハハ
旦那ぁ～ そりゃないぜ～
ヒャハハハハ
うひひひひ～
なぁんだぁぁ～？ また新入りかぁ～～？
!!

水滴たちのおかげでぇぇ
あたしらカビはぁ
こうして大増殖ぅぅ
新入りさんもぉ
大歓迎だよぉ
断熱材の密林には
栄養になる糊も
混ざってるしぃぃ
カビを
餌にする
バクテリア〜
木を腐らせる
カビも俺たちの
仲間さぁ〜
腐った木は
シロアリも
大好物ぅぅ
室内にも
どんどん
胞子を
まいてやるぅ
ゔゔぅ…
ゔ〜
苦しいっっ
もう…
ダメだ…
棟梁…!
ガッ
早く…
私…から…
はな…れ…て…
断熱工事をミスった
壁ん中ってぇのは
こんな恐ろしいことに
なっちまってんのか…
ははははは
お前もついに
水滴の仲間
入りだぁ!
おいおい
気を
しっかり
もて
ゔゔぅ〜
あぁ〜
ドズズズズズー…
ゔおお

はっ
……要するに断熱材の中に入り込んだ水蒸気は
温度が下がるとその場で水滴に変わるんだ
キョロ キョロ
それが壁の中にカビが生える原因になるんですね
そう!! 濡れてる断熱材はカビやバクテリアにとって絶好の繁殖地だからね
でも室内の水蒸気ってそんな簡単に壁の中に入っちゃうものなんですか?
残念ながら一般住宅で使われる壁の材料…石膏ボードが多いかな?
これは水蒸気の分子が案外簡単に通り抜けていくものなんだ
だから外壁側から冷たい外気が迫って壁の中を冷やすと結露が起きやすくなる
でも水蒸気が水滴に変わってもその水滴がまた蒸発してくれれば…
うーん 冬場はそう簡単にもいかなくてね
①室内で暖房を入れるだろ?
寒
暖
②すると壁の中で結露が発生する
ゔゔ～
ポン!
ひひひ
③夜、暖房を切ると室内・壁内ともに温度が下がる
寒
暖
室内
④壁の中の水滴はそのまま
居心地がいいぜ♪
次の日

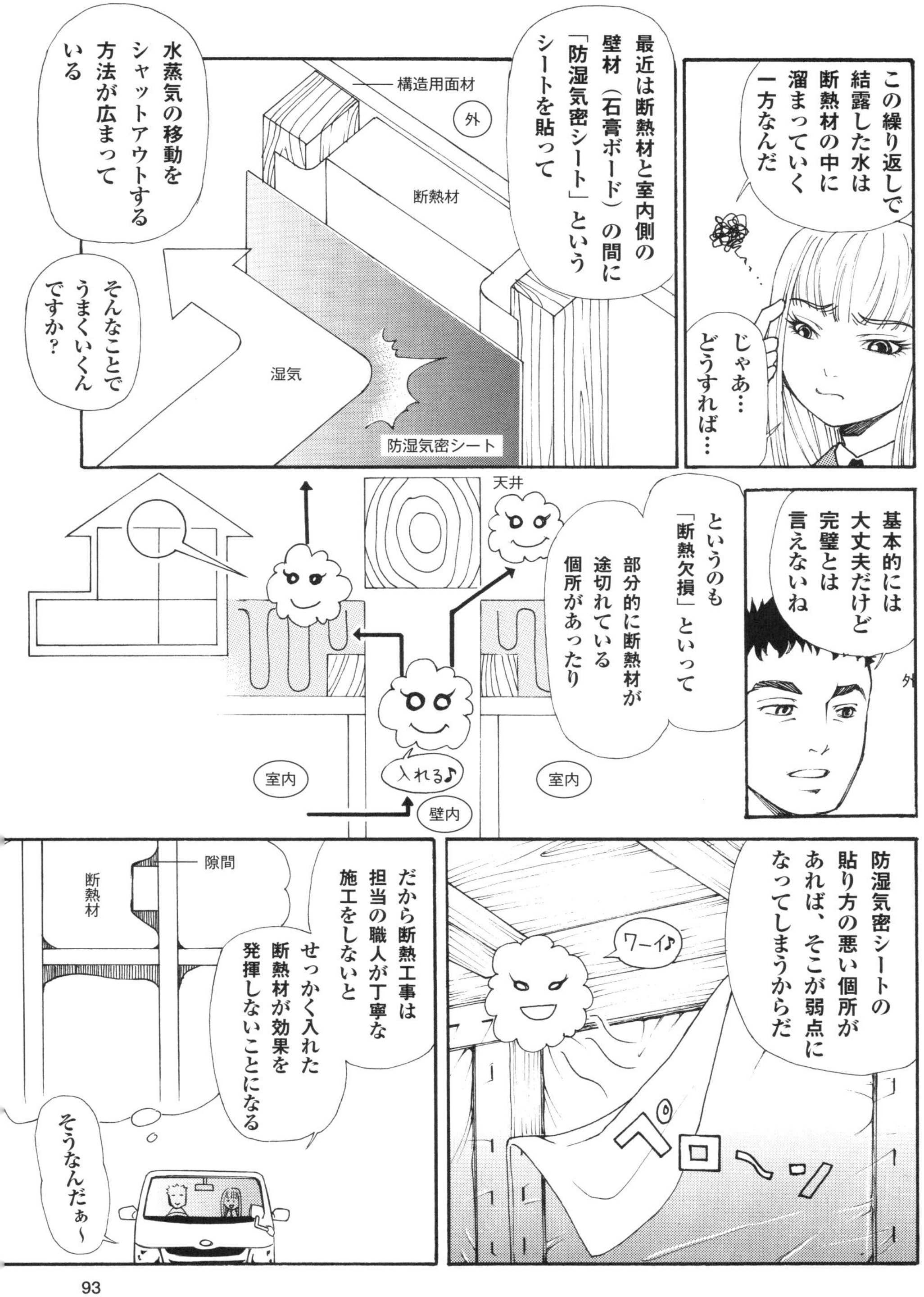
この繰り返しで結露した水は断熱材の中に溜まっていく一方なんだ
じゃあ…どうすれば…
最近は断熱材と室内側の壁材（石膏ボード）の間に「防湿気密シート」というシートを貼って
水蒸気の移動をシャットアウトする方法が広まっている
そんなことでうまくいくんですか？
構造用面材
外
断熱材
湿気
防湿気密シート
基本的には大丈夫だけど完璧とは言えないね
外
というのも「断熱欠損」といって部分的に断熱材が途切れている個所があったり
天井
入れる♪
室内
壁内
室内
防湿気密シートの貼り方の悪い個所があれば、そこが弱点になってしまうからだ
ワーイ♪
ペロ〜ン
だから断熱工事は担当の職人が丁寧な施工をしないと
せっかく入れた断熱材が効果を発揮しないことになる
隙間
断熱材
そうなんだぁ〜

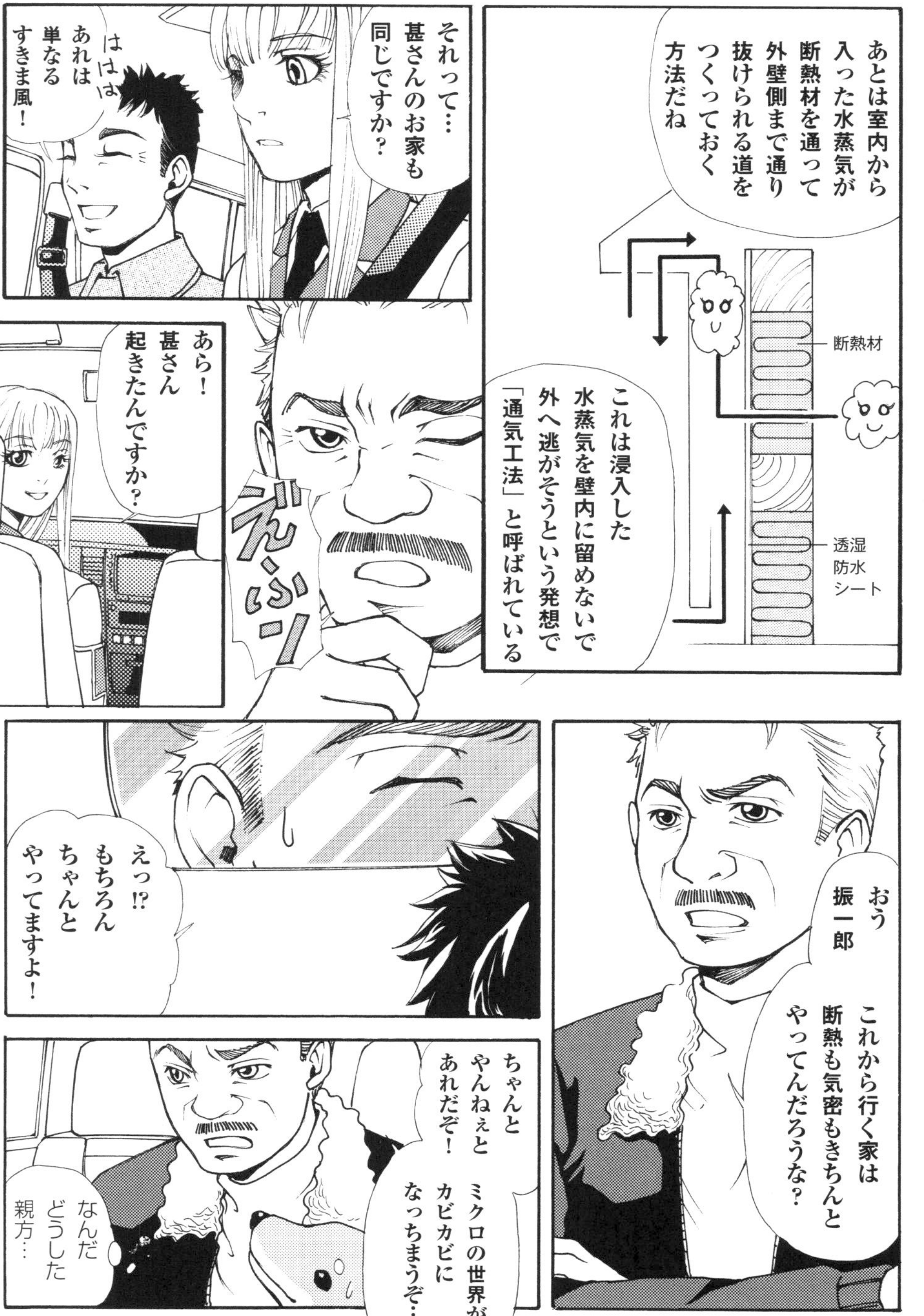
あとは室内から入った水蒸気が断熱材を通って外壁側まで通り抜けられる道をつくっておく方法だね
断熱材
透湿防水シート
これは浸入した水蒸気を壁内に留めないで外へ逃がそうという発想で「通気工法」と呼ばれている
それって…甚さんのお家も同じですか？
ははは あれは単なるすきま風！
ふーッ
あら！甚さん起きたんですか？
おう振一郎
これから行く家は断熱も気密もきちんとやってんだろうな？
えっ!? もちろんちゃんとやってますよ！
ちゃんとやんねぇとあれだぞ！
ミクロの世界が…カビカビになっちまうぞ…
なんだどうした親方…

断熱と気密の関係

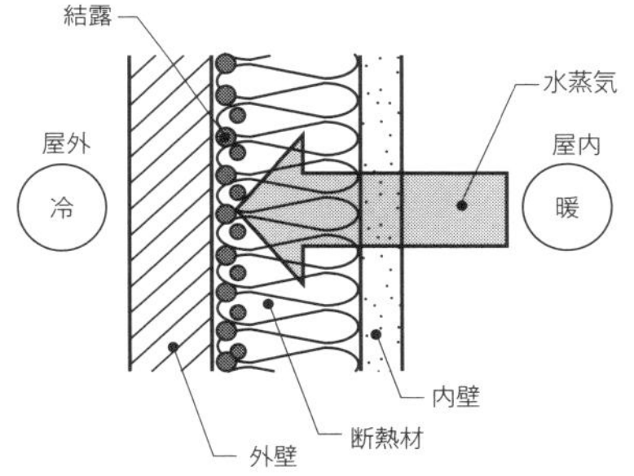

気密性が低いと室内の暖かい空気が屋外に逃げてしまい断熱性能が低下する。また、壁の中に室内の水蒸気が入り込み、壁内結露が発生しやすくなる

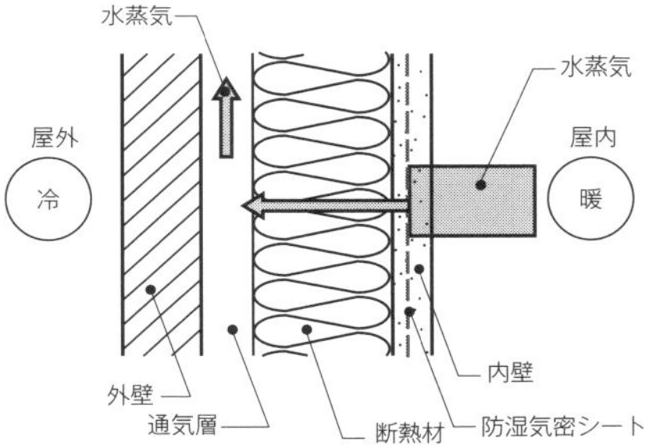

防湿気密シートによって、壁の中の水蒸気の量を減らせる。万一、壁の中に水蒸気が入っても通気層によって抜けていく

サッシ廻りの気密処理

防湿気密シートを切って折り込む。窓台、まぐさと柱の取り合い部分は、気密が連続するよう気密テープでしっかりふさぐ

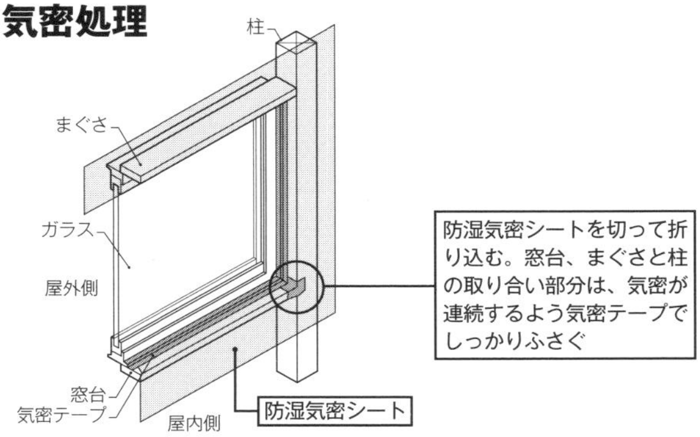

第4話 外壁・開口部

水を防ぐ・逃がす技術

パーン
パン
気持ちのいい朝ですねぇ
一年の計は元旦にあるっていうし…
皆さん今年もどうぞよろしく
よろしくね
よろしくお願いします
おう
ワン
「門松は冥土の旅の一里塚」ってな
今年も無病息災冥土までまだまだ旅をさせてくださいってこった
「めでたくもありめでたくもなし」でしょ？
お前よく知ってんなぁ一休禅師の句だぞ
ほかにも知ってますよっ♪
たとえば〜昨日食べた「年越しそば」！
フフ
あれの由来は諸説あってですねぇ
♪
結局は食いもんの話じゃねーかっ
へへへ〜
日本の歴史・文化は完全にインプッ…学びましたからね

ピタッ
どうしたの？ 茜ちゃん こむずかしい 顔して
はぁー
最近の 新築ってのは
なんでこんな つまんない面《つら》ばっか してんですか!?
…
…
新年早々 過激だなぁ 茜っ!!
かっかっかっ
おやまぁ～
口が悪く なってるぞ …茜
つ、つまらない っていうと…？
あの外壁です！ 石みたいで石じゃない 板みたいで板じゃない
サイディングの ことかな？
サイディングって いうんですか？ 何ですか？ あれ
う～ん 何って… もともとは 羽目板のこと なんだけど…
下見板《したみいた》の ニセモノ だろ？
親父は 黙って!!
あれはあれで 現代の住宅を 代表する 立派な…
それを茜が ダメって言ってんだ あんなツルツルの ピカピカじゃあよぉ
なぁ？
じゃあ茜ちゃん 正月明けたら 一緒に外壁工事の 現場に行ってみる？
お願いします!!

外壁材の種類

乾式系

窯業系 サイディング	セメントなどを主原料とし、繊維質の木片や無機物などを混ぜ、強化してプレス成形などで板状としたもの。色もデザインもさまざまで、レンガタイル風、自然石風など多くのデザインがある。比較的低価格であるが、雨水で汚れが落ちる機能があったり、長く再塗装をしなくて済むなどのメリットがある。メンテナンスも比較的容易だが、ジョイントのシーリングは 10 ～ 15 年程度で打ち替える必要がある
金属系 サイディング	成形したスチールの板などを表面材とし、断熱材を裏打ちしたもの。軽量で施工性もよく、バリエーションも豊富。断熱材を包んで、金属のもつ熱しやすく冷めやすい特徴を克服しているものが多い
木質系 サイディング	天然木、合板、木片セメントなどを塗装したもの。断熱性能などの点で優れた機能をもつ。ただし、建築基準法や消防法の関係で都市部には使用できないなどの制限がある
木板	スギやヒノキなどの耐久性のある木材を挽き割り、本実《ほんざね》もしくは相決《あいじゃく》り加工したもの。木質系サイディング同様、建築基準法や消防法の関係で都市部には使用できないなど制限があるが、不燃加工したものもある。木材保護塗料を塗って仕上げる場合が多い

湿式系

モルタル塗り	モルタルは比較的安価であるうえ強度が高く、耐火性もある材料。また、アルカリ性のため下地のラスに対して防錆効果がある。防火構造材として使用され、モルタルを下地にしてその上に吹き付けをして仕上げる。ただし、乾燥収縮により、ひび割れが入りやすい欠点がある
漆喰	漆喰は、左官用消石灰にスサ、糊などを練り混ぜてつくる。防火性が高いので、財産を守るために古くから土蔵や町家、城郭に使用されてきた。また、調湿機能も持ち、季節の変化に耐え、カビがつきにくいという性質ももつ。このため、内部の押入れの壁などに使われることもある。乾燥に時間がかかり、乾燥後の収縮率が高いためひびが入りやすいのが欠点である

一般的なサイディング。湿式工法に代わって乾式工法のサイディングが普及している

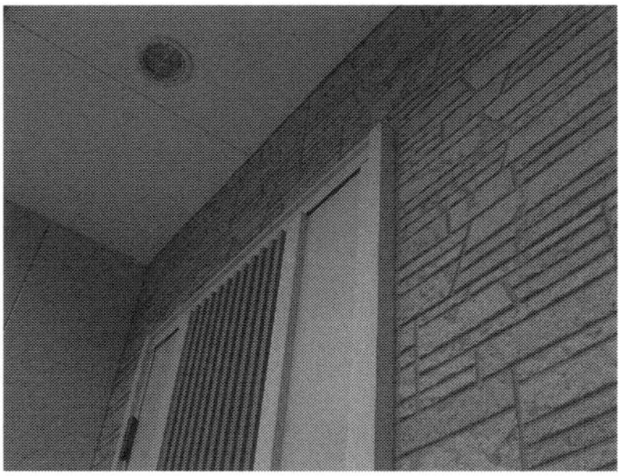

タイル風サイディング。サイディングは、色、テクスチュアが豊富

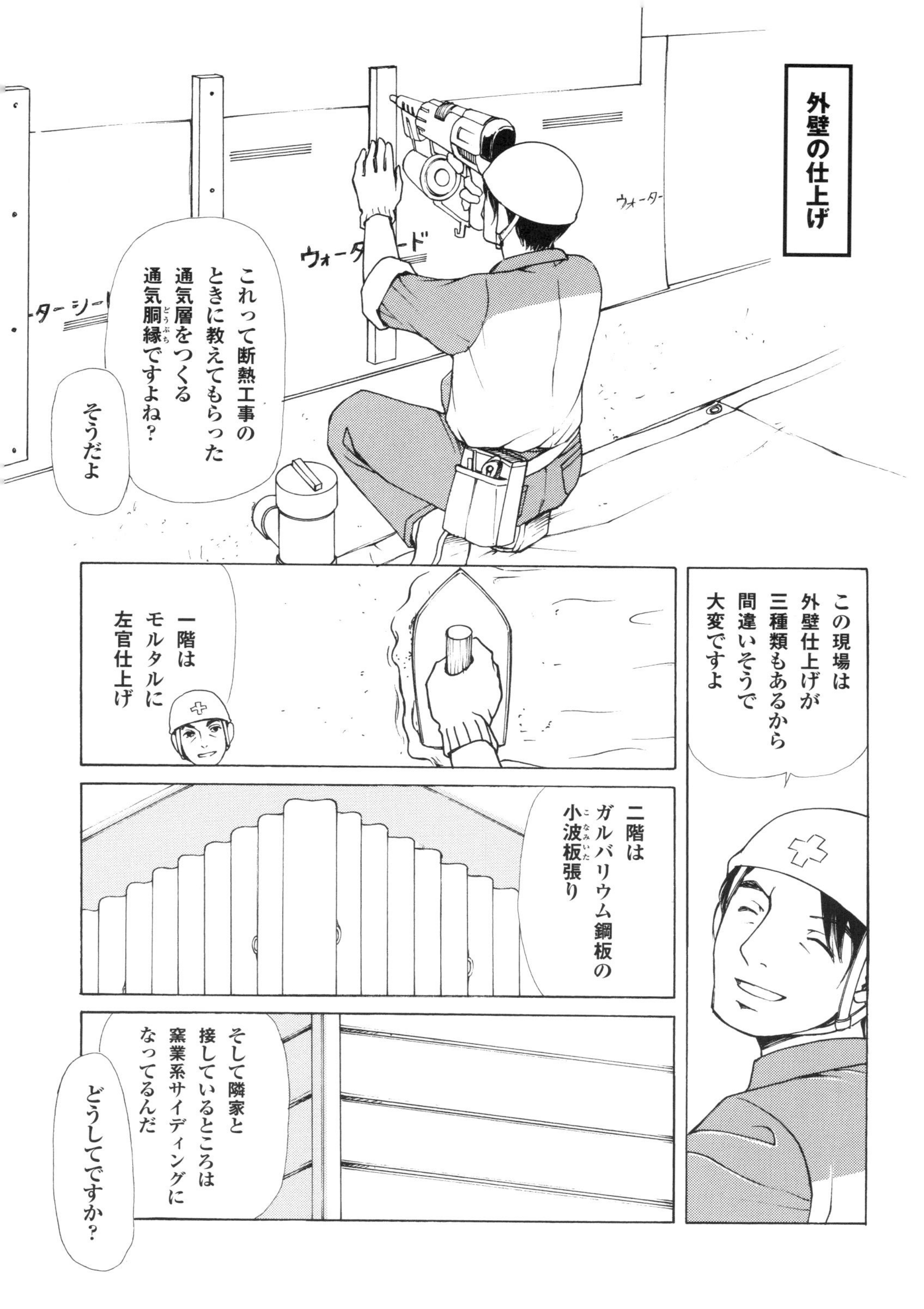
外壁の仕上げ
これって断熱工事のときに教えてもらった通気層をつくる通気胴縁《どうぶち》ですよね？
そうだよ
この現場は外壁仕上げが三種類もあるから間違いそうで大変ですよ
一階はモルタルに左官仕上げ
二階はガルバリウム鋼板の小波板《こなみいた》張り
そして隣家と接しているところは窯業系サイディングになってるんだ
どうしてですか？

設計段階では すべて左官仕上げと 下見板張りに していたんだけど
予算が追いつか なくなってね
仕上げを 適材適所で変えて VE（バリューエンジニアリング：減額提案） したんだ
バリ…バリュ？ …それだけで コストってそんなに 変わるんですか？
まぁ…コストが 変わるっつっても ほとんどは 手間の差 だよなぁ
モルタル左官仕上げ っていやぁ 昔からある工法だし
部分的に 下見板張りって いうのもよく見る やり方だ
だがなぁ 今じゃ そういう仕上げに するほうが サイディングより 人工《にんく》代がかかって 大変なんだとっ！
それ以前に三種類も 外壁が混ざって 通気はうまく いくんですか？
もちろん 問題ないよ

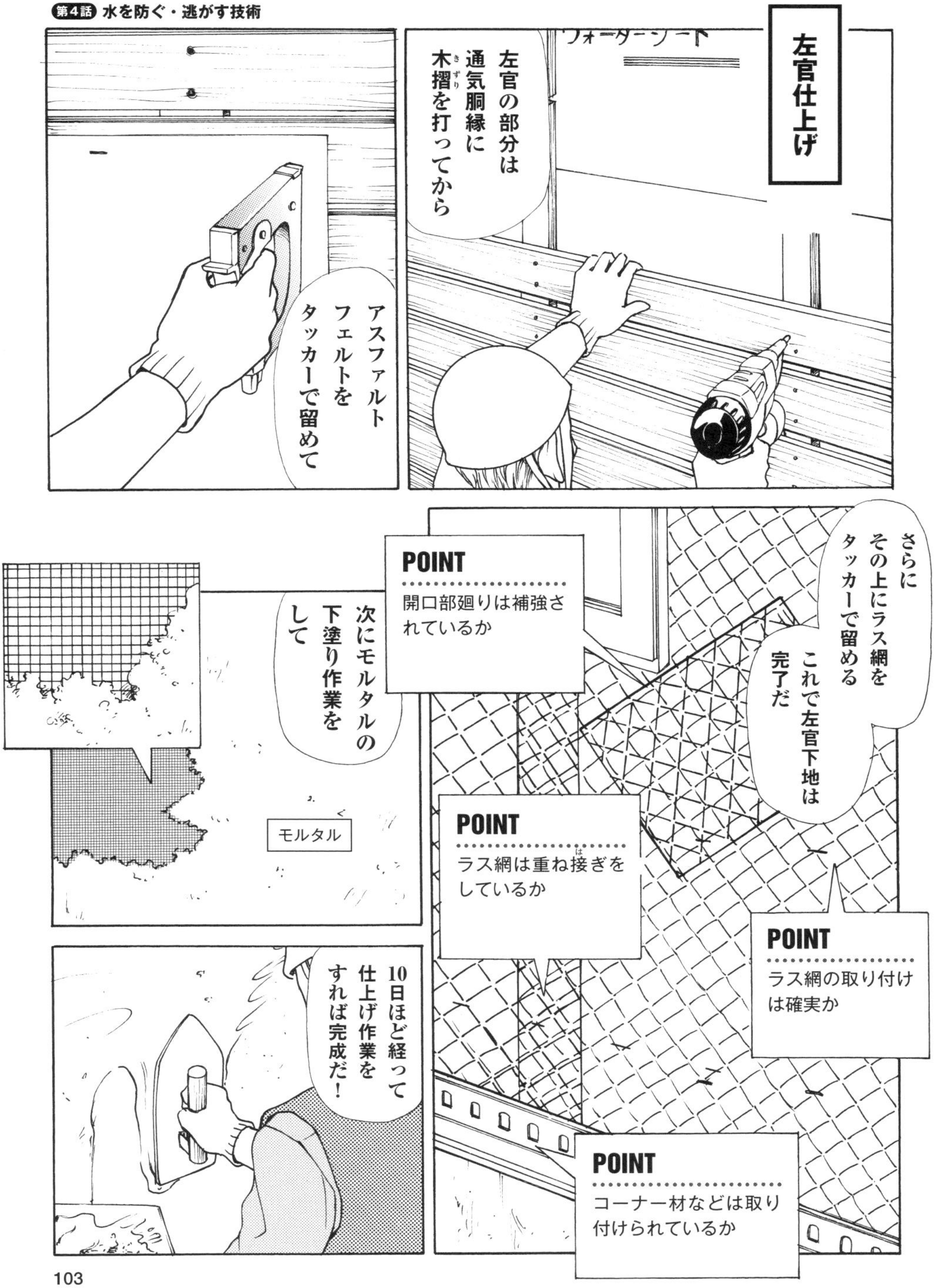
左官仕上げ
左官の部分は通気胴縁に木《き》摺《ずり》を打ってから
アスファルトフェルトをタッカーで留めて
さらにその上にラス網をタッカーで留める
これで左官下地は完了だ
POINT
開口部廻りは補強されているか
POINT
ラス網は重ね接《は》ぎをしているか
POINT
ラス網の取り付けは確実か
POINT
コーナー材などは取り付けられているか
次にモルタルの下塗り作業をして
モルタル
10日ほど経って仕上げ作業をすれば完成だ!

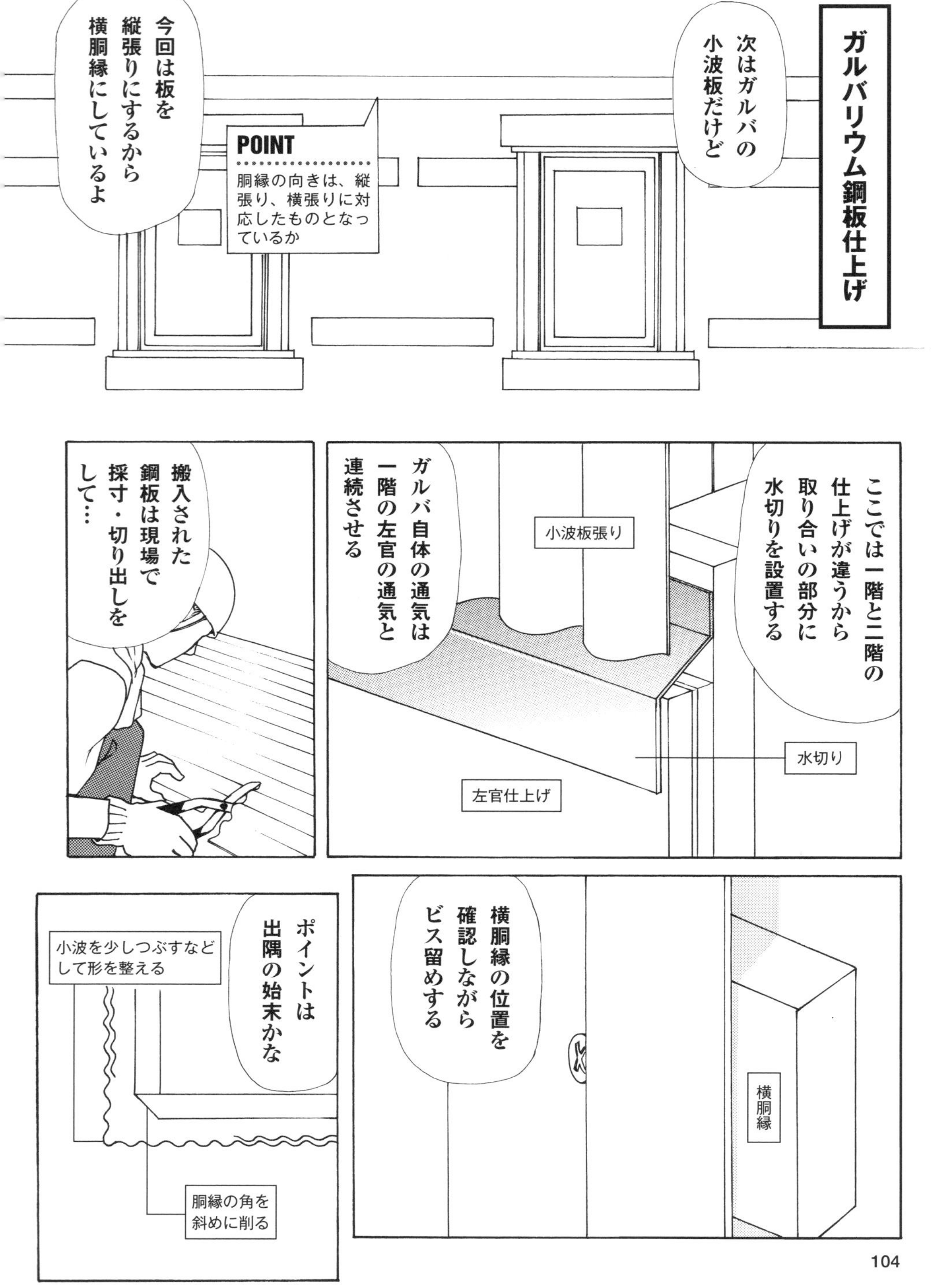

ガルバリウム鋼板仕上げ
次はガルバの小波板だけど
POINT
胴縁の向きは、縦張り、横張りに対応したものとなっているか
今回は板を縦張りにするから横胴縁にしているよ
ここでは一階と二階の仕上げが違うから取り合いの部分に水切りを設置する
ガルバ自体の通気は一階の左官の通気と連続させる
小波板張り
水切り
左官仕上げ
搬入された鋼板は現場で採寸・切り出しをして…
横胴縁の位置を確認しながらビス留めする
横胴縁
ポイントは出隅の始末かな
小波を少しつぶすなどして形を整える
胴縁の角を斜めに削る

サイディングは胴縁にそのまま留めるんですね
一見同じに見えるサイディングだけど下は16㎜厚上は14㎜厚だから工法がちょっと違うよ
14㎜のほうは直接釘を打って留めるけど
16㎜のほうは金具で引っ掛けて留める
コスト的にはどうなんだ？
高い順にいうと
左官 ⬅ 16㎜サイディング ⬅ ガルバ ⬅ 14㎜サイディング
ってとこでしょうか？
じゃあ　コストに余裕があれば神社とか昔の蔵みたいな左官の外壁も可能なんですね!!
まぁ…そうだけど
ただ場合によってはコスト以外にも防火対策を考える必要がある
外壁に「不燃材料」が要求される地域では板張りは使いにくい
それに漆喰《しっくい》や下見板にするとメンテナンスが大変という問題もある

サイディングの外壁（横張り）

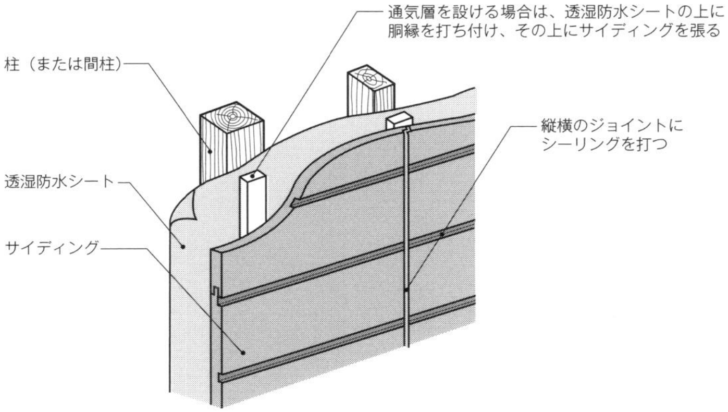

外壁下地（サイディング横張りの場合）

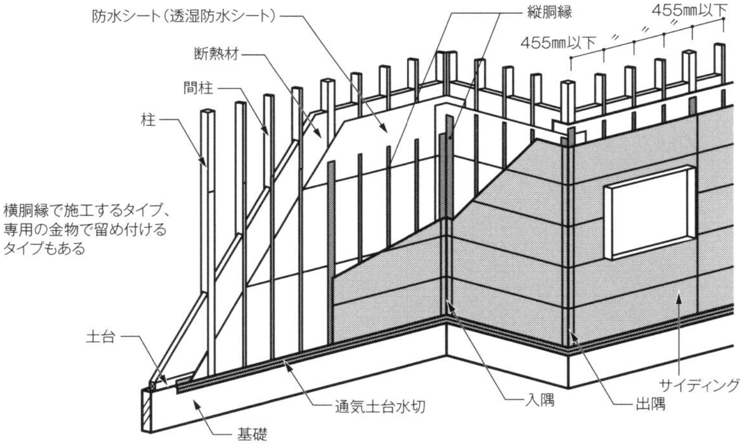

透湿防水シート施工の注意点

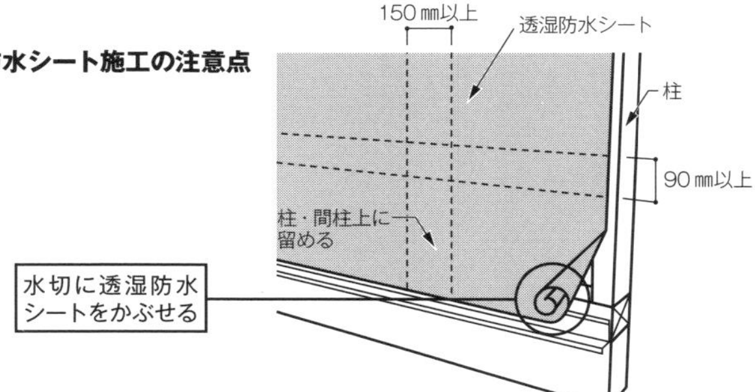

準耐火構造の仕様例

かつて、建築基準法が定める防火地域では木造住宅を建築できなかったが、いまは一定の防火性能を満たした準耐火構造の木造住宅であれば建築可能となっている

屋根の不燃化

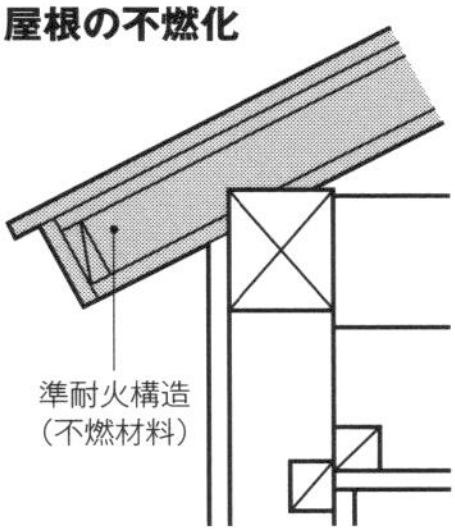

1時間準耐の外壁

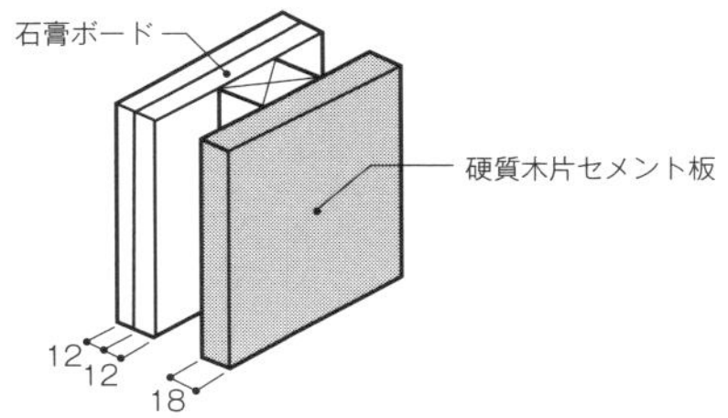

屋外側：厚さ18㎜以上の硬質木片セメント板
屋内側：厚さ12㎜以上の石膏ボード2重張り

45分準耐の外壁

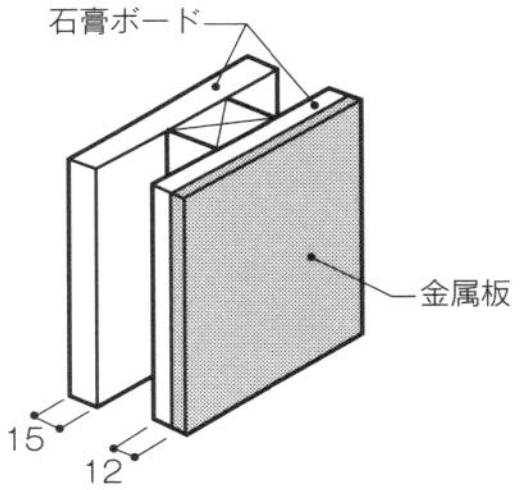

屋外側：厚さ12㎜以上の石膏ボードに金属板を張る
屋内側：厚さ15㎜以上の石膏ボード

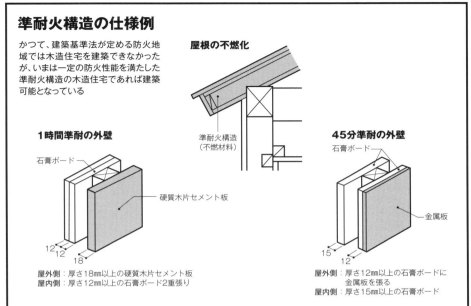

…
もが
もが
いやっ！ 茜が言いてぇのはあれだっ！ ほれっ!! この時代産の文化財を自分もつくりてぇってなっ？ 分かんだろ!?
はぁ…
ワンワン
ワンワン
まぁ…最近は準防火地域でも使える不燃の板張り材ってのも出てきてるけどね
はい、はい はいっ!! 私っ それがいいですっ!!
ははは でもそれじゃ今回は予算オーバーなんだよ…
…
フー
だったら風呂も台所もなくしゃいいじゃねぇかよ！
親父さんっ！ それじゃ住めませんって!!
何言ってんでい！ 風呂は銭湯！ 飯は角の赤提灯！ それで決まりよ!! なあっ？ 茜!!
茜ちゃんと親父だけだよ！ そんな家に住めるのはっ!!
ははは
違いない！
24h

翌朝
ガタ
ガタ
ガタ
ゴー
ビー
ビー
ビー
当機ニ未検疫ノ生命体発見!!
主エンジン停止マデ五秒、四、三…
えっ!?
ビー
なにっ!?
当機ハコレヨリ自爆モードニ移行シマス
ビー
ええ～っ!!
ちょっと どういうこと？
ビー
茜！ 早く なんとかしろよ！
ビー
繰リ返ス 当機ハコレヨリ自爆モードニ移行シマス
ビー
ビー
のそ…

ビー
うい～っす
了解でぇ～すっ!!
ビー
ビー
自爆モードオン！
カウントダウンヲ
始メマス
爆発マデ
30秒…
29
ビー
甚さん!?
何で
ここに!?
ビー
28
密入国ってのは
わりと難しい
もんだなぁ
待って！
ストップ!!
甚さんは
有害じゃ
ないってば!!
25
ビー
自爆ヲ止メルニハ
生命体ノ排除ガ
必要デス
ビー
22
20
ガタ
おう！ 茜!!
時代錯誤の
老いぼれは
どうやら
未来の文化財にも
なれねぇらしい！
ビー
15
ビー
ちょっ！
甚さん
何してるの？
13
ガタ
ビー
ガタ
いい大工に
なれよ…茜
5
秒前
待って!!
4
3
2
1
甚さん！

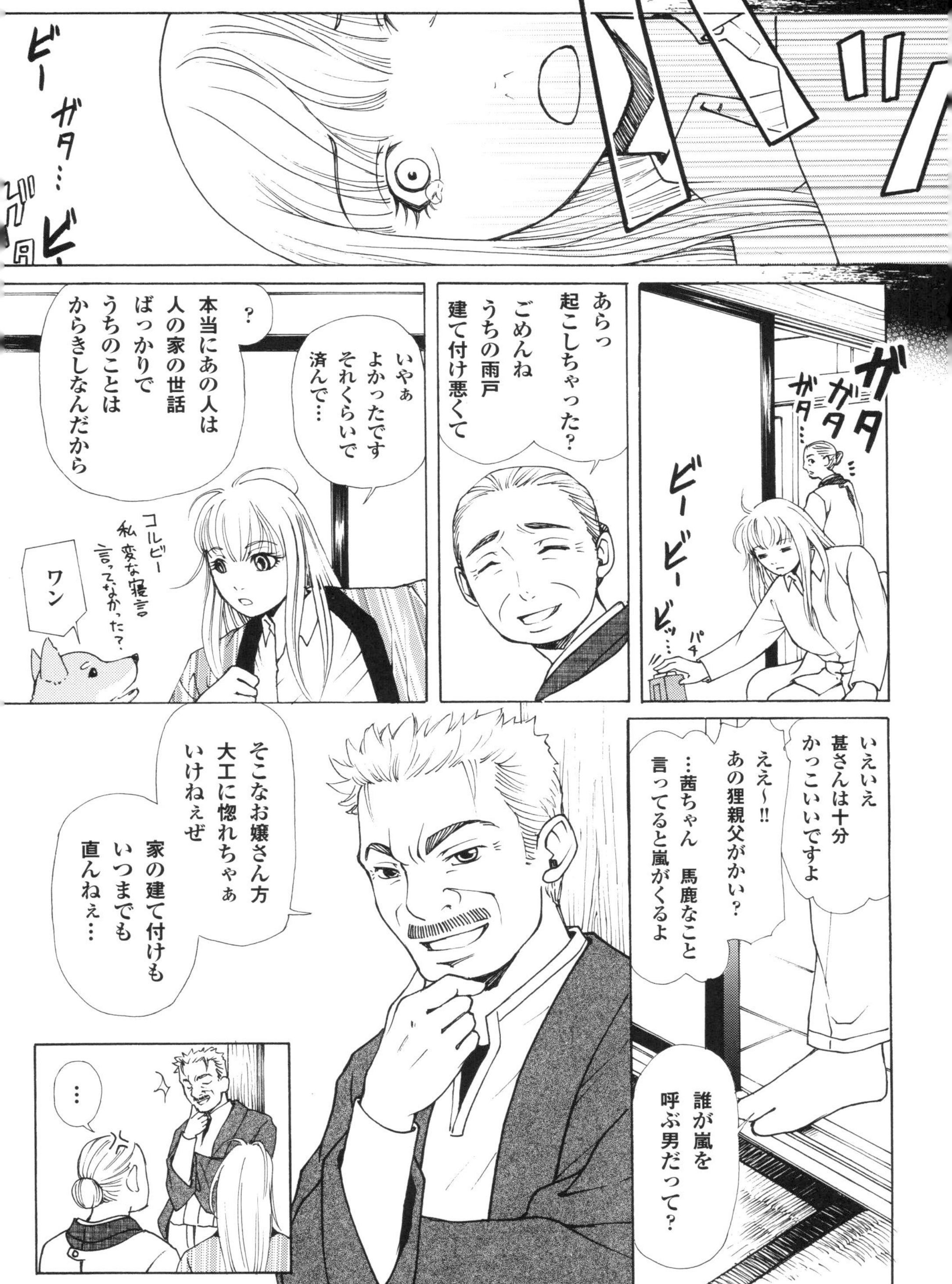
ビー
ガタ…
ビ
ガタ
ガタ
ガタ…
ビービー
ビッ…
パチ
あらっ 起こしちゃった？ ごめんね うちの雨戸 建て付け悪くて
いやぁ よかったです それくらいで 済んで…
？
本当にあの人は 人の家の世話 ばっかりで うちのことは からきしなんだから
コルビー 私 変な寝言 言ってなかった？
ワン
いえいえ 甚さんは十分 かっこいいですよ
ええ～!! あの狸親父がかい？
…茜ちゃん 馬鹿なこと 言ってると嵐がくるよ
誰が嵐を 呼ぶ男だって？
そこなお嬢さん方 大工に惚れちゃぁ いけねぇぜ
家の建て付けも いつまでも 直んねぇ…
…

つーか　その雨戸のガタピシは建具屋の哲が将棋に負けた腹いせに手抜き工事したのが原因だぜ？
勝った俺が悪いのか？！
なぁ～に言ってんだい!!
あんたが酔っぱらって蹴破ったりするから敷居の溝やレールがひん曲がるんだよ！
この馬鹿亭主っ!!!
そんなすぐにひん曲がるような金物使ってる哲が悪いんだろ～が
まぁまぁ…二人とも落ち着いて
私　こういうガタガタする雨戸って憧れだったんです～
平成アーカイブで見た「サザエさん」？あれ見ていいなぁ～って
まだ放映してますよね？
…
いいんだよ…無理にフォローしなくて…
？
平成アーか？
？・なんだいそれ？
あんた！いい加減、直しとくれよっ!! この雨戸
ガラス戸だってそこらじゅうガタついてんだから！
へいへい　分かったよ
おう！バカ哲!!
今の話聞こえてたろ!! さっさと建具を直しやがれってんだっ!!

かぁ〜
それが人に物頼む態度かぁ!?
ひょこ
甚五郎よぉ〜
山本建具社長
山本　哲
お!
そちらが噂の茜ちゃん?
はじめまして
いいから早く来いよ
けっ
ペコリ
ガタ
ガタ
あぁ〜 こりゃいけねぇよ なんでもっと早く言わねぇんだよ
前から気づいちゃいたんだがよ
これが哲の精一杯…って思ったらなぁ
ニヤ ニヤ
おいおい人聞き悪いな! この雨戸はなぁ 俺があんたのために それこそ腕によりをかけてよぉ 羽目板も一枚もんを使って…
それがなんでこのざまなんだよ
建具っつーより梁か柱がゆがんでんじゃねぇのか?
パ
どこの大工がやったか知らねぇけど それでも30年もたせた この建具屋 ただもんじゃねぇよなぁ!
んだと! この野郎!! 木軸《もくじく》や鴨居のせいにしようってのか!?
どこまでも肝っ玉のちいせぇ野郎だ!
てめぇのケツの穴よかマシだぜ!!
ケンカすんなら二人とも出て行きな!!

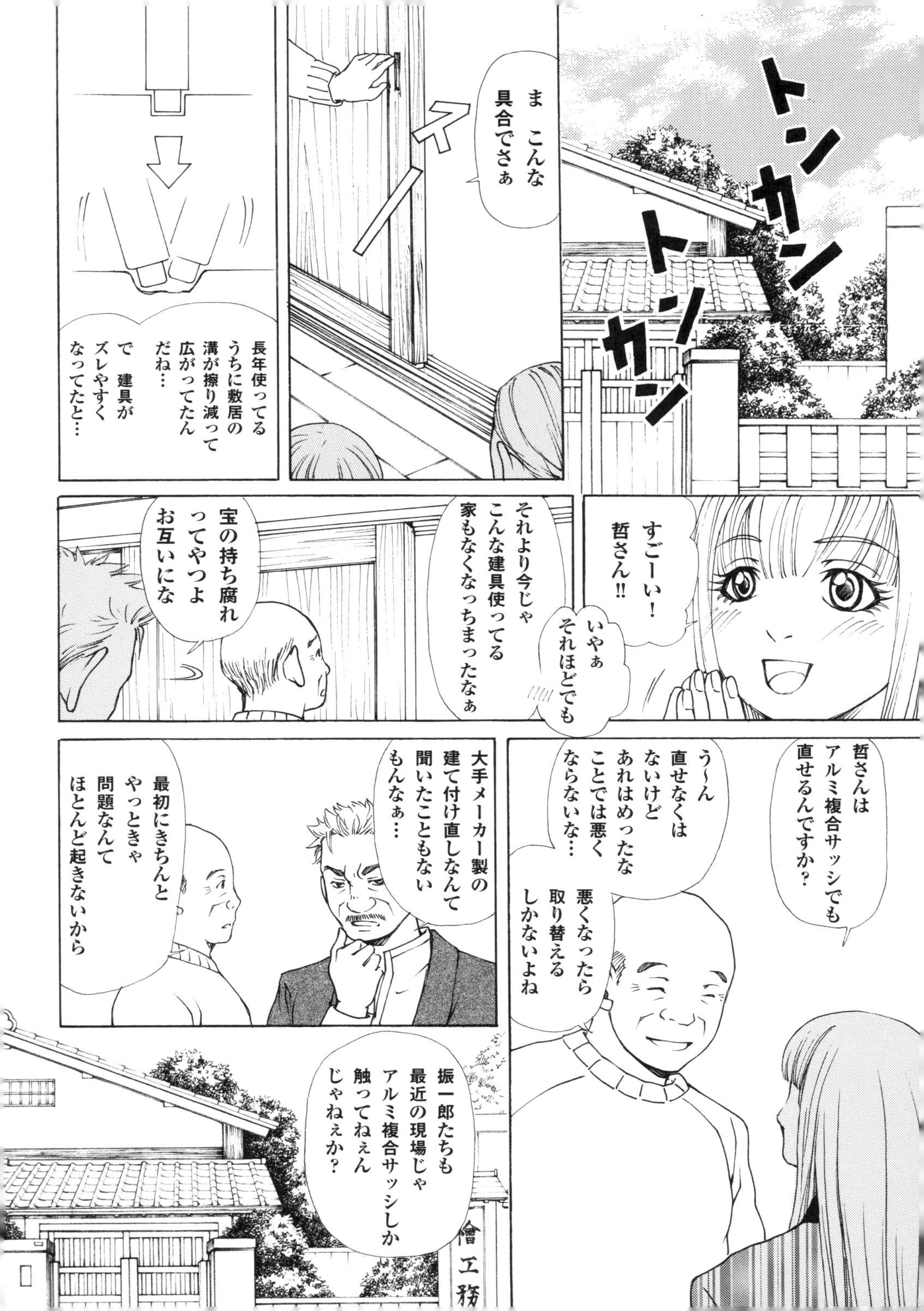
トンカン
トンカン
まこんな具合でさぁ
スー
長年使ってるうちに敷居の溝が擦り減って広がってたんだね…
で 建具がズレやすくなってたと…
すごーい！哲さん!!
いやぁそれほどでも
それより今じゃこんな建具使ってる家もなくなっちまったなぁ
宝の持ち腐れってやつよお互いにな
哲さんはアルミ複合サッシでも直せるんですか？
う～ん 直せなくはないけどあれはめったなことでは悪くならないな…
悪くなったら取り替えるしかないよね
大手メーカー製の建て付け直しなんて聞いたこともないもんなぁ…
最初にきちんとやっときゃ問題なんてほとんど起きないから
振一郎たちも最近の現場じゃアルミ複合サッシしか触ってねぇんじゃねぇか？
工務

ごちそーさまでしたっ!!
いやぁ～昼までごちそうになっちゃって
すいませんねぇ～
カラ…
あれっ哲さん？
お！若旦那!!景気はどう？
哲が雨戸を直してくれてよぉ
へぇ本当だ昔のものは手を入れてりゃあずっと使えますからねぇ
そうなんだよ若！それをこの人は朝っぱらからケチつけちゃって…
ずず…
…
そりゃそうとうちの息子ちゃんとやってる？
ええ！いつも助かってます
今日もサッシの取り付けで…
哲さんの木製建具こんな綺麗なのになんでみんな大手メーカー製のサッシにするんだろ？
泣けること言ってくれるねぇ茜ちゃん！
だろ？茜は職人の味方なんだよ
くっっ
木製の建具とアルミ複合サッシではどうしても気密性や耐候性が違うからね
すきま風が入らないとか？
そうアルミ複合サッシはアルミの枠の中にゴムやプラスチックをうまく組み合わせてあるからピチっと閉まるんだ

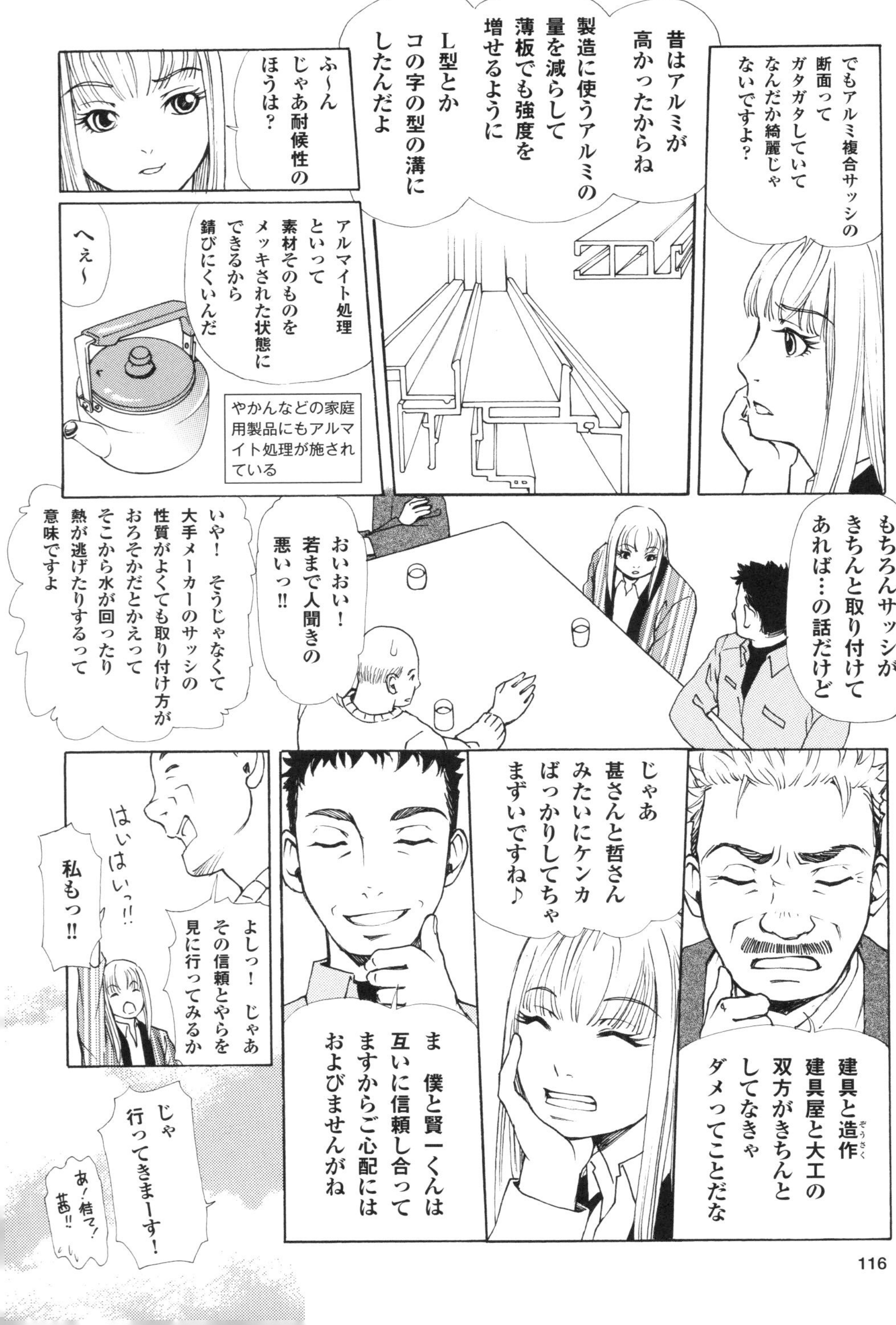
でもアルミ複合サッシの断面ってガタガタしていてなんだか綺麗じゃないですよ？
昔はアルミが高かったからね 製造に使うアルミの量を減らして薄板でも強度を増せるように L型とかコの字の型の溝にしたんだよ
ふ～ん じゃあ耐候性のほうは？
アルマイト処理といって素材そのものをメッキされた状態にできるから錆びにくいんだ
へぇ～
やかんなどの家庭用製品にもアルマイト処理が施されている
もちろんサッシがきちんと取り付けてあれば…の話だけど
おいおい！若まで人聞きの悪いっ!!
いや！ そうじゃなくて大手メーカーのサッシの性質がよくても取り付け方がおろそかだとかえってそこから水が回ったり熱が逃げたりするって意味ですよ
建具と造作《ぞうさく》 建具屋と大工の双方がきちんとしてなきゃダメってことだな
じゃあ甚さんと哲さんみたいにケンカばっかりしてちゃまずいですね♪
ま 僕と賢一くんは互いに信頼し合ってますからご心配にはおよびませんがね
はいはいっ!!
よしっ！ じゃあその信頼とやらを見に行ってみるか
私もっ!!
じゃ行ってきまーす！
あ！待て！茜!!

おう！
やってっか
賢一っ？
親父!?
どうしたの
急にっ!!
お前の様子見
兼　甚とこの
お嬢さんの
付き添いだ
なぁ
茜ちゃ…
あれ？、
キャー
シャー
止まんない
よぉぉ～～!!
ばかっ!!
ハンドルっ！
ハンドルっ!!
ガン!
いやぁ
くる
お　お待たせ
しましたぁ～
ポーーン
!!
危機回避
モードオン!!
シュタッ
あんた
自転車
はじめて
だったのか!?
う～ん
そういえば甚さんが
後ろでいろいろ
わめいてた気が…
操作方法のこと
だったのかな？、
してっ
エキセントリック
な子だ…

アルミ複合サッシの取り付け
サッシを取り付けるのはこの窓台です
まぐさ
窓台
これがすべての基準になるので水平はもちろんサッシの重量に耐えられるような厚みと間柱のピッチが重要になります
柱は窓台やまぐさがしっかり固定できるよう5㎜ほど欠き込む
開口部下の間柱は窓台の高さに合わせて切りそろえる
窓台・まぐさを柱と間柱に釘で固定する
長細い窓でもペアガラスを入れると結構な重量になるから油断は禁物です
重量
壁に取り付けるといっても実際は骨組みにはめ込む感じなんですね
そうですね壁をふさぐように取り付けますけど
実際に支えているのは木の桟《さん》と間柱です

サッシの種類

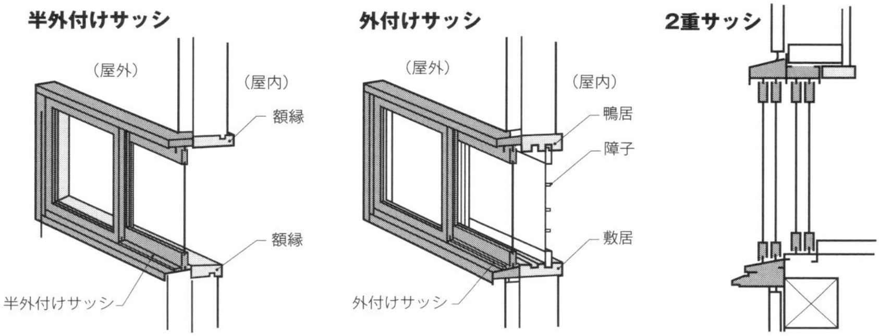
半外付けサッシ
外付けサッシ
2重サッシ
(屋外)
(屋内)
額縁
額縁
半外付けサッシ
(屋外)
(屋内)
鴨居
障子
敷居
外付けサッシ

構造体別のサッシの納まり

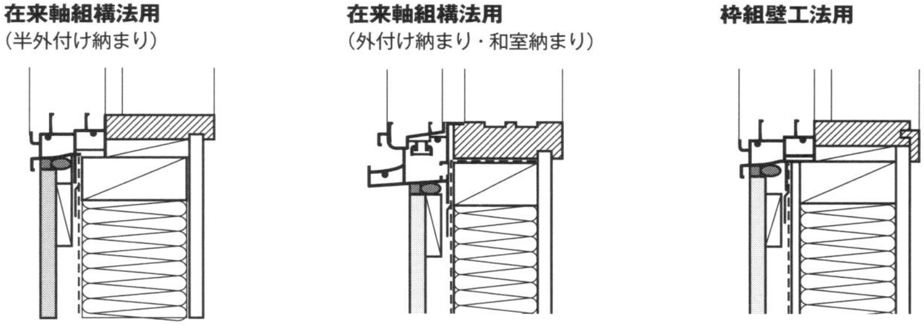
在来軸組構法用
(半外付け納まり)
在来軸組構法用
(外付け納まり・和室納まり)
枠組壁工法用

サッシの取り付け形式は、木造では主に枠の一部が取り付け開口内にかかる半外付け納まりと、枠の大部分が取り付け開口の外に持ち出しとなる外付け納まり(主に和室に使われる)の2種類に分かれる

ここ何か挟まっちゃってますね
ぺろん
あ
えいっ!!
あ~!! ダメダメ! そこはわざと挟んでるんだ!
たとえサッシの周りから雨水が染み込んでもここにシートを挟んでおくことで
中まで水が入らないようになるんです
へぇ…
あれ!? こっちは隙間が開いてますよ
それはサッシを取り付けるために必要なクリアランス
寸法がピチピチだとうまく入らないいんです

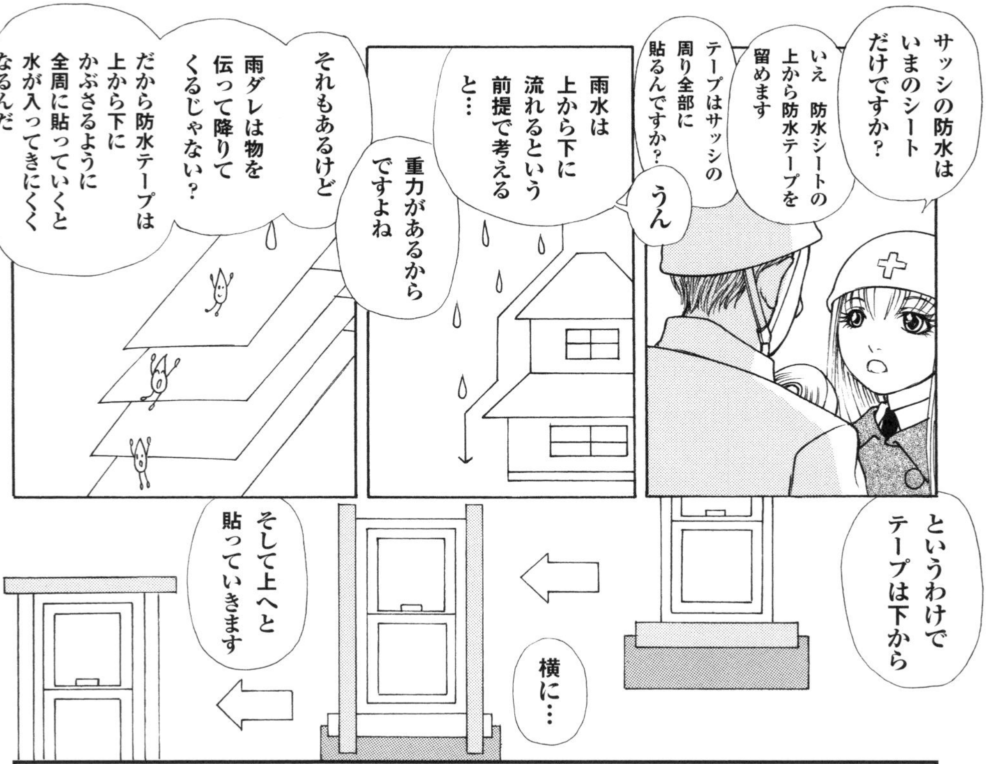

サッシの取り付け方（通気工法、サイディング張りの場合）

①窓台に防水シートを張る

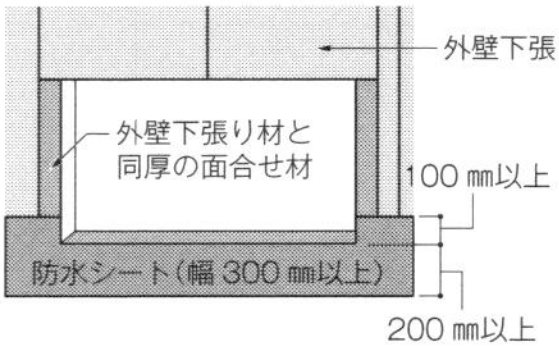

- 柱に沿って窓台見込み寸法分を切り込み、窓台に向けて折り込む
- 角部は防水テープでコーナー貼りとする

②サッシ枠を取り付け、サッシ枠廻りに防水テープ（両面タイプ）を貼る

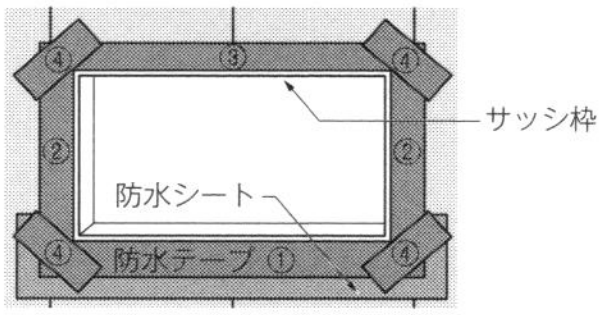

- サッシ枠は左右のクリアランスを均等にとり、枠のねじれ、水平・垂直を確認

③透湿防水シートを張る

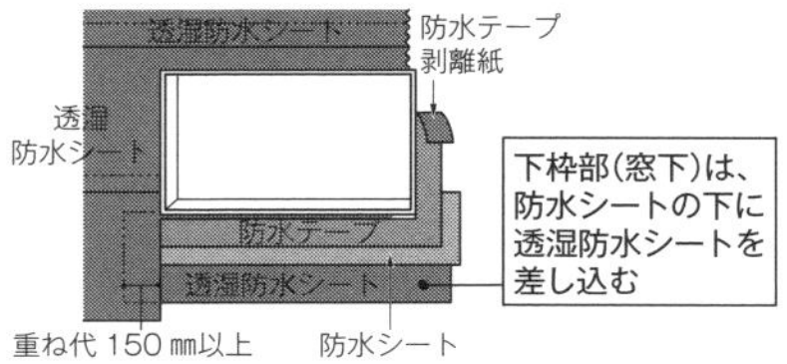

- 防水テープの剥離紙をはがしてその上から透湿防水シートを張る
- シート重ね代は縦90㎜以上、横150㎜以上を目安とする

④通気胴縁を取り付け、外壁材を施工する

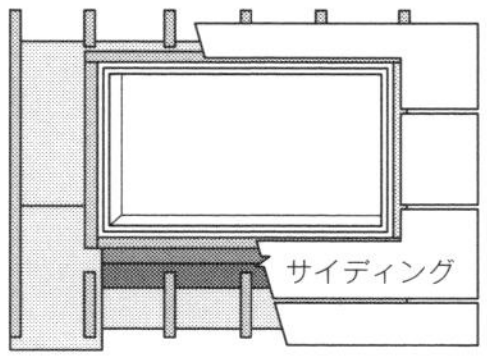

- 通気胴縁を窓上、窓下の気流を妨げないように施工する

なるほど～
ズボンはいてセーター着て最後にコートを羽織るようなもんだな
基本的には防水シートと防水テープが雨漏り予防の最後の保険です
ただし外壁の仕上げが変わるとサッシ廻りの取り合いにも十分注意しないと…
下地に貼る防水テープもそうだけど材料と厚み寸法に合わせた雨仕舞いを考えないといけないんです
防水テープまで水が回ってくる前の段階の処置が大事ということですね
実は外壁の仕上げは先日いろいろ見てきたんです
じゃあ分かると思うけど外壁の仕上材の周りにもいろんな隙間があったでしょ？
ありました！
ガルバリウム鋼板の波板なんて裏がスカスカでした！

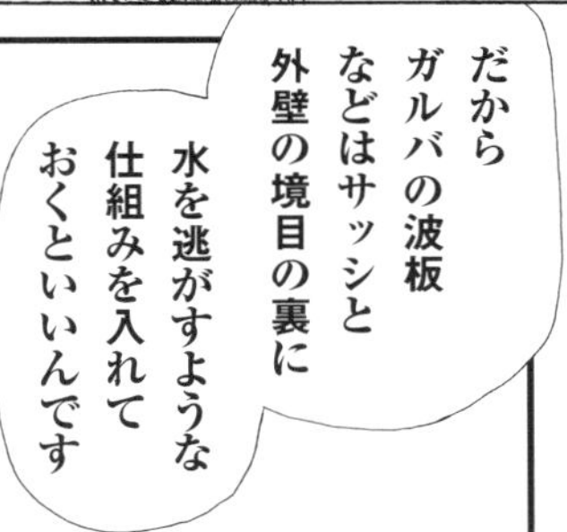
だからガルバの波板などはサッシと外壁の境目の裏に
水を逃がすような仕組みを入れておくといいんです

裏樋の設置

裏樋
裏樋

サッシの両端に裏樋を設置しておく。サッシ廻りから浸入した雨水はこの樋を通って胴差に取り付けた水切から外部に排出される。裏樋を省略してシーリングのみという納まりは耐久性がないので避ける

でもモルタルや漆喰にはそんな隙間なかったですよ
ファイバーネット
補助胴縁
透湿防水シート
通気ラス
左官仕上げ
昔ながらのやり方ならね
最近は左官仕上げでも「通気工法」を採用するケースが多いから
水の逃がし方とサッシの取り合い部分がとても大事になるんです
そうか…仕上げまでの仕込みが大切なんですね
おう賢一！お前よく知ってるな
親父がアルミ複合サッシのこと知らなすぎなんだよ
でっ、でも哲さん！さっきはすごい建具をつくってましたよ!!
まぁ確かに昔ながらの木の建具をつくらせたら親父には歯が立たないけど…
ヘヘッ！まぁな!!
復活した…
今はやっぱり機能や性能が求められる時代だからね
じゃあやっぱり木の建具って時代遅れなんですね
グサ
え!?あれ親父！そんなにヘコむなって!!

ド…ドイツや北欧のように日本製の木製サッシもだいぶ普及し始めていて…
木の枠なのに工業製品並みの性能を出してるんです！
へっへぇ～！
すご～い!!
ちらっ
ギッギッ
に、日本は昔から木の文化を育んできたんだからもう少し木製サッシが見直されてもいいかもしれないですね
ほー
防火性能だって木製サッシでもずいぶん評価されるようになってきてるんだから！
じゃあ
木の建具の未来は明るいってことですか!?
ピク
メーカーや建具屋だけじゃなく一般の建て主さんがその良さにもっと気づいてくれれば木製サッシはもっと普及するでしょうね！
じゃ哲さんもまだまだがんば…
そうだな！
木の家には木の建具が一番だ！
そうすりゃ欄間《らんま》も復活だっ!!
賢一！お前見直したぞ
♪
振一郎さんのおかげだよあの人が勉強会を開いてくれてるんだ
はなせって！
そうか！じゃあ次の勉強会には俺も行くぞ!!
私もっ!!
茜さんの目的は勉強会後の呑み会でしょ？
あははははは

第5話 内装

仕上げは大工の職人技

う〜〜
甚さん どうしたんですか？
具合でも悪いの？
う〜〜ん 悪いなんてもんじゃねぇな
えぇっ！どこが悪いの？
おいおい！そんなにドタドタされちゃ駒が動いちゃうよ
俺は構わねぇけどな
なぁんだ トラディショナルなジャパニーズチェスですね！
で、甚さんが押されてると！
フフ
うるせぇ！あっち行ってろ！
これでまた私の勝ちですかな
254勝4敗！
そのうち甚さんが盤をひっくり返した不戦勝が…
150だっけ？
148だっ
甚さん…勝ちたいですか？
何を!? てめぇなんぞに分かるかよってんだ！
おや お嬢さんは将棋できるの？
できるというか…アルゴリズムと派生パターンさえ分かれば…
ゴニョゴニョ

私は構いませんよ…甚さんがそれでいいならね ただ…
ここまでくるともう間に合わないんじゃないかなぁ
なにっ
ま…見ててください
キュイイイィィー
コルビー!! 甚さんのピンチよっ!
戦況データを分析して!
セッ 戦況!?
なんだよー ただの将棋じゃないか…
いいから早くっ!
くあっ
…戦況マトリクスA27…だな
対策は――
茜っ!! いきまーす!!
3・三飛車成り!!
ビシッ
おおっ!!!
こいつは参ったっ!!

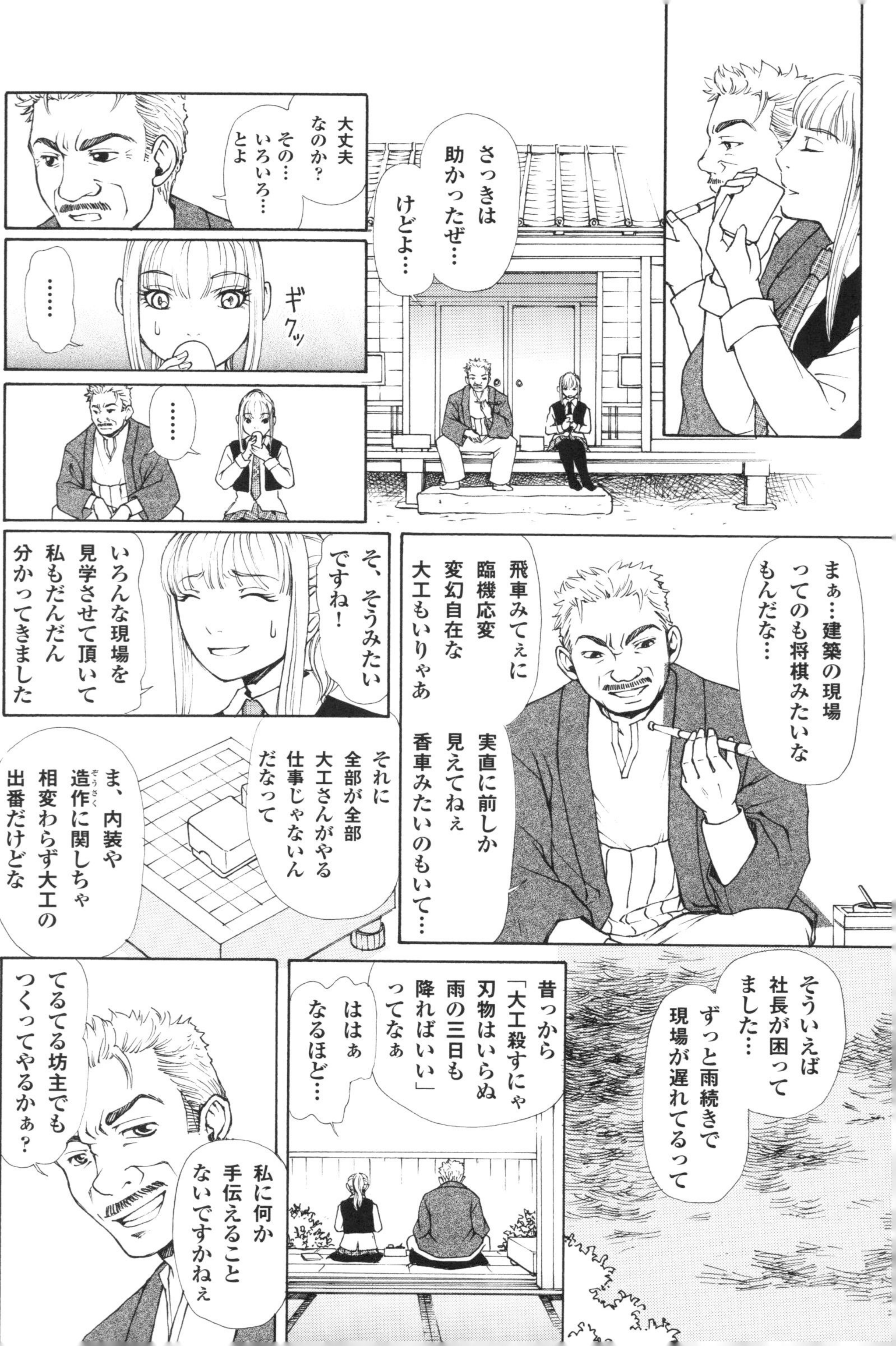

さっきは助かったぜ…けどよ…
大丈夫なのか？その…いろいろ…とよ
……
ギクッ
……
まぁ…建築の現場ってのも将棋みたいなもんだな…
飛車みてぇに臨機応変変幻自在な大工もいりゃあ
実直に前しか見えてねぇ香車みたいのもいて…
そ、そうみたいですね！
いろんな現場を見学させて頂いて私もだんだん分かってきました
それに全部が全部大工さんがやる仕事じゃないんだなって
ま、内装や造作《ぞうさく》に関しちゃ相変わらず大工の出番だけどな
そういえば社長が困ってました…
ずっと雨続きで現場が遅れてるって
昔っから「大工殺すにゃ刃物はいらぬ雨の三日も降ればいい」ってなぁ
ははぁなるほど…
私に何か手伝えることないですかねぇ
てるてる坊主でもつくってやるかぁ？

テル…テ…？
……？
明日天気にしておくれ♪ってな…
天気はさすがに無理ですけど内装工事なら私にもお手伝いできますよ！
できるって…茜がかぁ？笑わせちゃぁいけねぇよ！
仕上がりの様子さえ分かれば私にもできますって!!
？
内装や造作といやぁお前！ 大工の一番大事な仕事だぞ
もちろん分かってます！で、どんなふうにすればいいんですか？
そりゃ俺の趣味でいいなら…この家みてぇによ
秋田杉の立派な竿縁《さおぶち》天井にきちんと長押《なげし》や鴨居のついた真壁造《しんかべづくり》の漆喰《しっくい》塗りだけど…
すくっ…
なぁんだ！この部屋みたいにすればいいんですね！
この家の内装の表面画像データはコルビーの記憶装置に完ペキに…
がばっ
えっ!? おいっ！ちょっと待てよ
最近の内装は俺の趣味とは全然違って！
ブツブツ
おいっ！茜っ!!

へぇ　ここに内装の仕上げを施していくのね…
コルビー　早速だけど内部の構造を３Ｄスキャンして！
ラジャー！
断熱材
透湿防水シート
なるほど～内装仕上げ前の構造ってこうなってるのか～

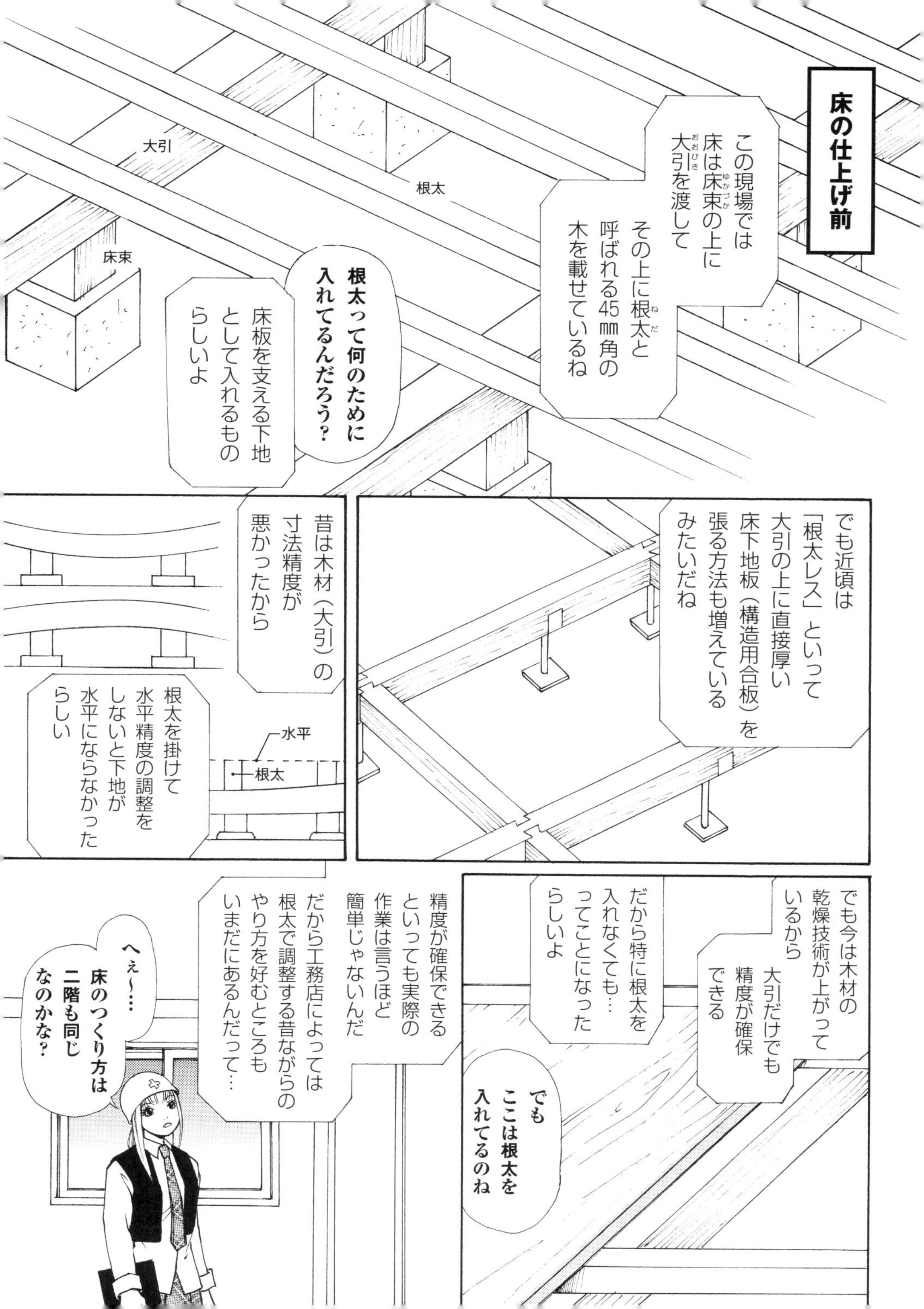

床の仕上げ前
この現場では床は床束《ゆかづか》の上に大引《おおびき》を渡して
その上に根太《ねだ》と呼ばれる45㎜角の木を載せているね
根太って何のために入れてるんだろう?
床板を支える下地として入れるものらしいよ
大引
根太
床束
でも近頃は「根太レス」といって大引の上に直接厚い床下地板（構造用合板）を張る方法も増えているみたいだね
昔は木材（大引）の寸法精度が悪かったから
根太を掛けて水平精度の調整をしないと下地が水平にならなかったらしい
水平
根太
でも今は木材の乾燥技術が上がっているから
大引だけでも精度が確保できる
だから特に根太を入れなくても…ってことになったらしいよ
でもここは根太を入れてるのね
精度が確保できるといっても実際の作業は言うほど簡単じゃないんだ
だから工務店によっては根太で調整する昔ながらのやり方を好むところもいまだにあるんだって…
へぇ～…床のつくり方は二階も同じなのかな?

それはどっちでもいいみたい
ただ、二階の場合根太を入れないですぐに床下地板を張れば
作業する職人さんの転落防止になるというメリットがある
歩きほうだい♪
それに根太を使うより「剛性」が高くなるから
耐震性の面でも優れていると言われてる
地震の力
じゃあ やっぱり根太を使わないやり方のほうがいいんじゃない？
でも 二階を「根太レス」にすると二階の振動や音が一階に伝わりやすいという弱点がある
ドーン
ドーン
その対策は十分にしておかないとね
ふ〜ん
ていうか あんたいつの間にそんな詳しくなったの？
こっちに来てからいろんなデータベースにアクセスして役に立ちそうな情報を集めといたんだ
なあ〜んだ！じゃあ長官宛てのレポートコルビーに頼めばよかった！
ダメだよ！僕のデータはあくまで文献ベースだ本当のところは現場を見て判断しないと！
ふんっ
そういうとこだけマジメよね！

床下地の構成

①根太組み

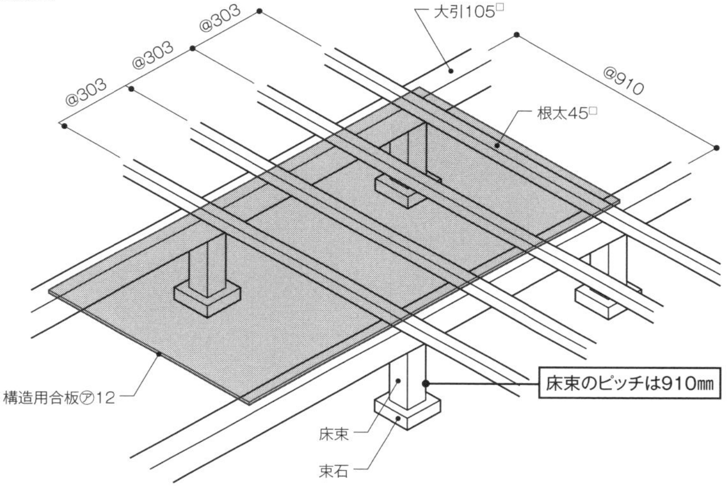

大引105□
@303
@303
@303
@910
根太45□
構造用合板㋐12
床束のピッチは910㎜
床束
束石

②剛床（根太レス）

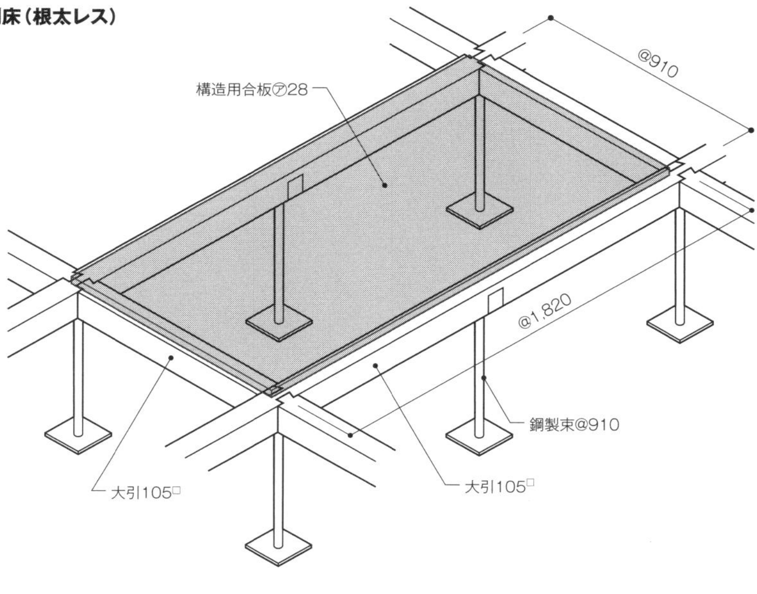

@910
構造用合板㋐28
@1,820
鋼製束@910
大引105□
大引105□

剛床《ごうしょう》にすると水平構面が根太組みより強固になる。ただし、剛床は土台・大引に直接合板を張るため、基礎天端レベルの精度が求められる

いずれにしろ
この状態から
内装工事を始めて
室内を仕上げて
いくのね
ピッ
ま
私の場合はちょっと
やり方が違うけど♪
パッ
これはこっち
キュウウウー…
ここは
こんな感じで
スッ
うん
うん♪
もうちょっと
小さく
パッ

いい感じじゃな～い！
さすが私っ!!
よし！
完璧!!
コルビー！各テクスチュアの構成要素データを基に元素変換錬成をしてくれる？
えー！ホントにやるの？
長官に怒られちゃうよ
檜工務店のためでしょ！あんただってお世話になってるんだし！
ヴ～
ジュルッ

もう!!
知らないからね!
ガルルッ
お!
きたきた!
ザァァァー
錬成っ!!
オオォォ
オォォォォォ
イゥゥ…
ザァァァ…
フッ
ピタッ

パアアアア
やったー!!
大成功!!!
つ…疲れた…
明日が
楽しみね!
コルビー!!

親父っ!! こりゃどういうことだよ!
だから俺じゃねぇって言ってんだろっ!!
どう考えてもあんなことできんの親父しかいねぇだろ!
まったくどうしてくれんだよ!
ス…
あの〜
何かあったんですか?
いま工事中の浅草の家
まだ断熱材しか入ってなかったんスよ それが…
いくら親父にヤキが回ったたっつっても 人様ん家の内装勝手につくっていいわけじゃねぇぞ!!
今朝見たら立派な和風の造作に仕上がってたんだ!
で その仕上がりがあまりに見事だったんで
こりゃ 親父さんの仕事に違ぇねぇって
だからっ 俺じゃねぇっ!!
ドーン

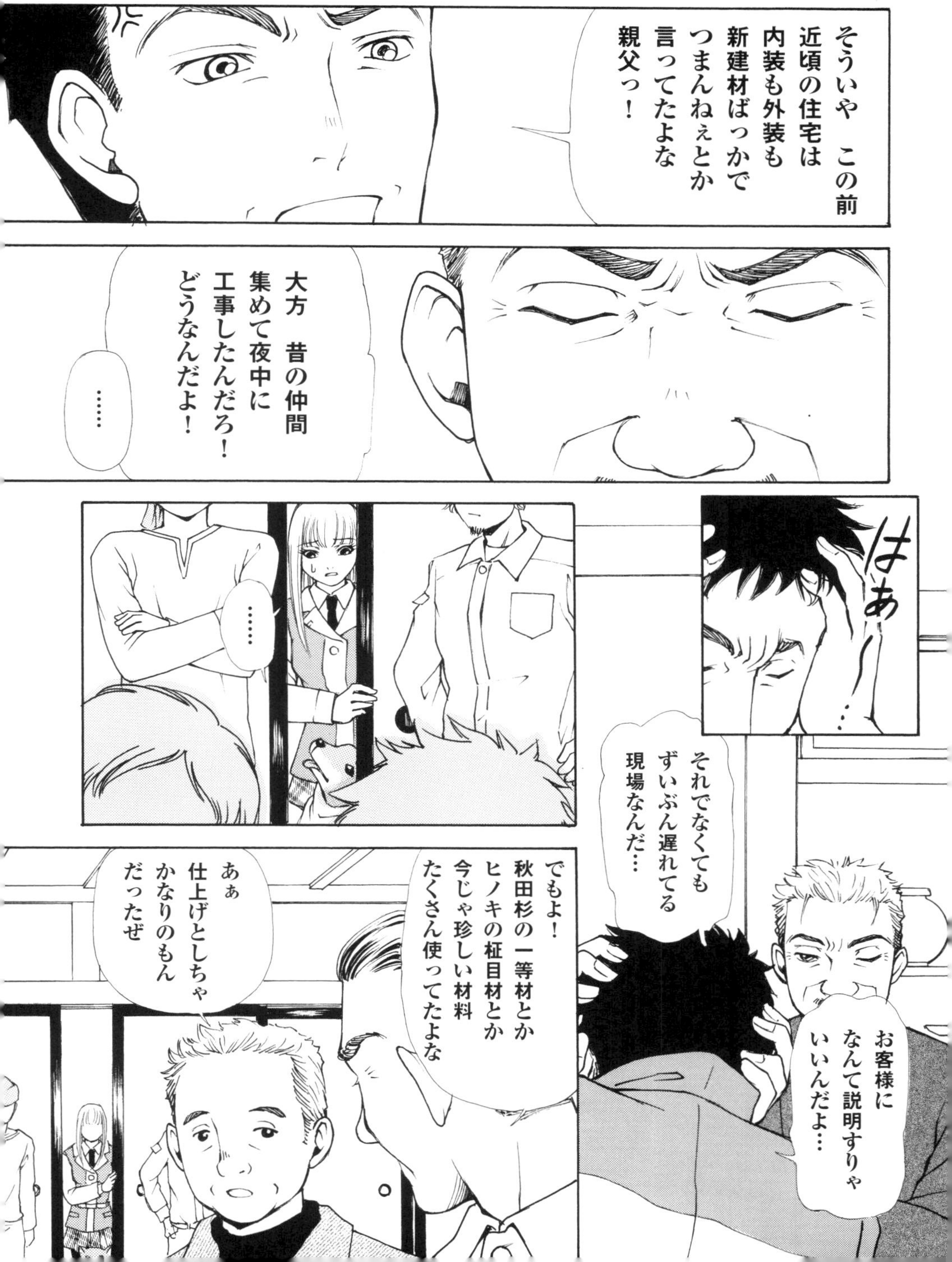
そういや この前
近頃の住宅は
内装も外装も
新建材ばっかで
つまんねぇとか
言ってたよな
親父っ！
大方 昔の仲間
集めて夜中に
工事したんだろ！
どうなんだよ！
……
はあ…
……
それでなくても
ずいぶん遅れてる
現場なんだ…
お客様に
なんて説明すりゃ
いいんだよ…
でもよ！
秋田杉の一等材とか
ヒノキの柾目材とか
今じゃ珍しい材料
たくさん使ってたよな
あぁ
仕上げとしちゃ
かなりのもん
だったぜ

本来予定してた内装よりも金かかってるよなありゃ
カラッ
そんなにいい内装ならそのままでもいいんじゃ…
そういう問題じゃないっ!!
確かに和風の見事な造作と仕上げだけどお客様が望んでいるのとは全然違う!
ぎゅむ…
ボード張りにビニールクロス仕上げの洋風の内装!
それが注文なのに…
工務店の仕事としてありえないでしょう?
そもそも予算もその程度なんだ…
でも…いくらお客さんの注文でもそんな安っぽい仕上げつまんない…な…
もうしょうがない!
バン
とりあえずほかの現場にいる職人も全員!浅草の現場に集合だっ!!

いいか皆！聞いてくれ
問題は一階の居間だけだ
ひとまずそこは置いといてそれ以外のところから順次仕上げていこう
工期も押してるからテキパキと頼むっ！
うっす！
で この居間はどうするんです？
どうもこうも…
あとで親父に一人できっちりやり直させるよ
じゃ じゃあ私も手伝っちゃおーかなぁ
……
いや…茜ちゃんはいいよ

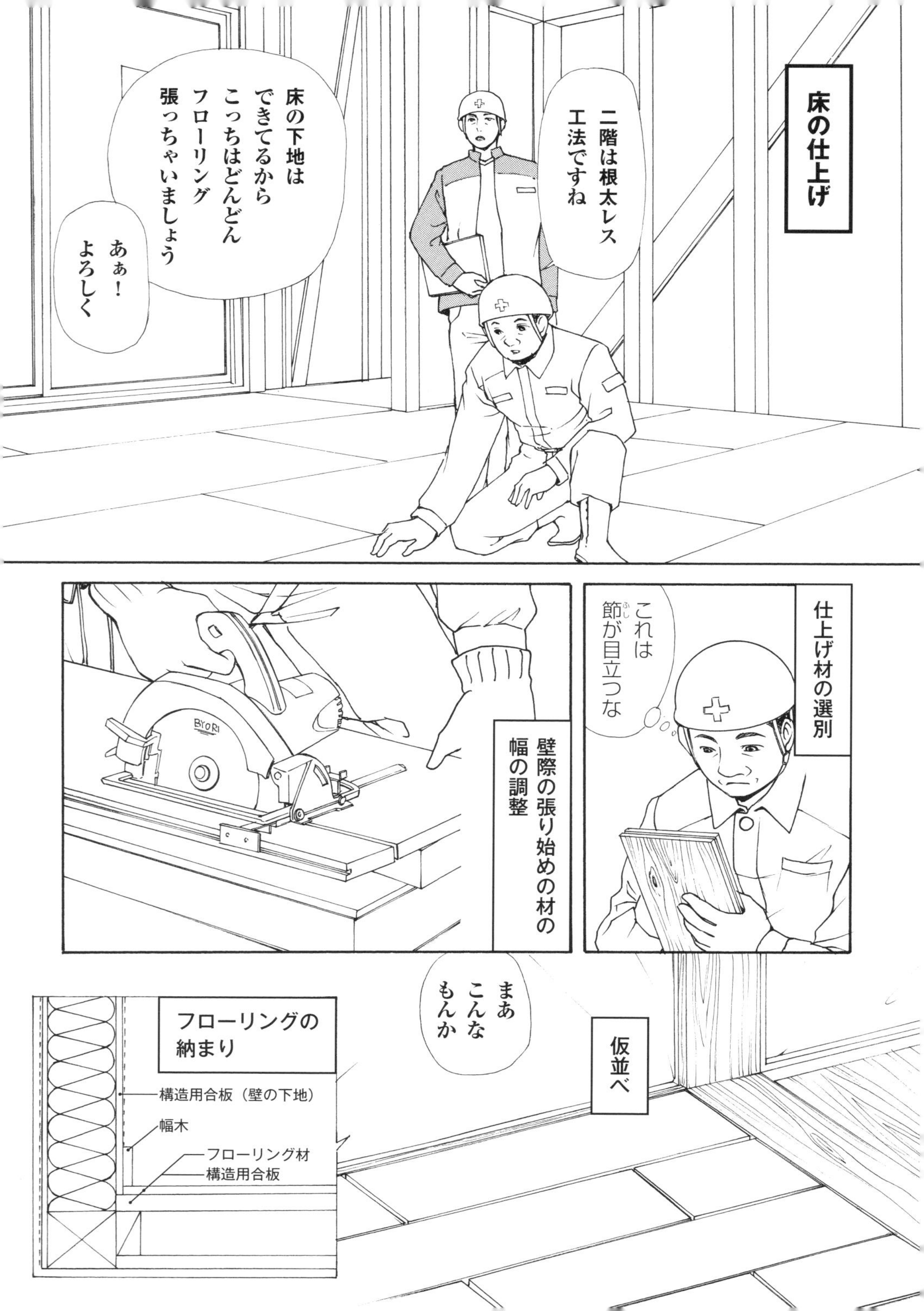
床の仕上げ
二階は根太レス工法ですね
床の下地はできてるからこっちはどんどんフローリング張っちゃいましょう
あぁ！よろしく
仕上げ材の選別
これは節《ふし》が目立つな
壁際の張り始めの材の幅の調整
仮並べ
まあこんなもんか
フローリングの納まり
構造用合板（壁の下地）
幅木
フローリング材
構造用合板

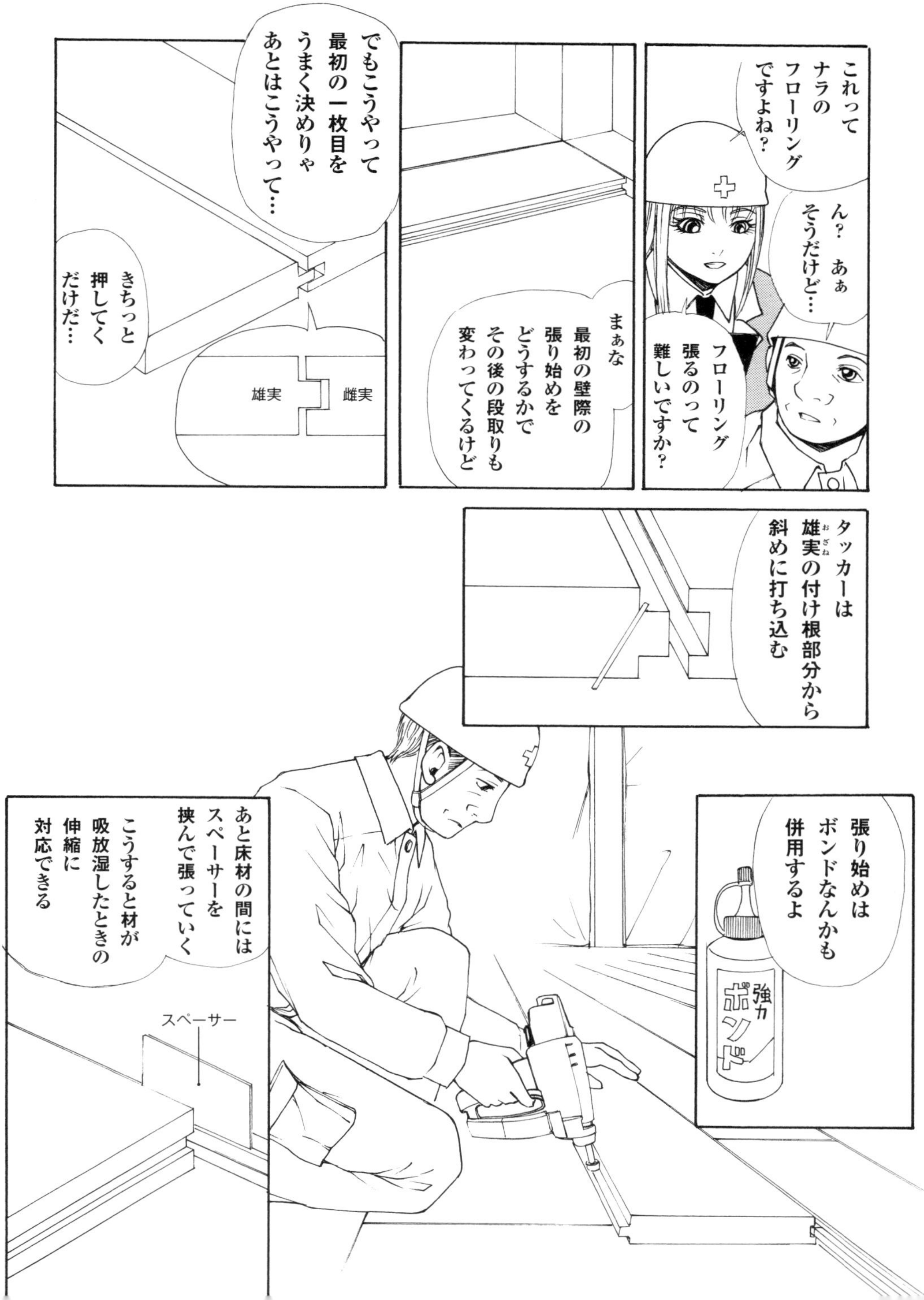
これって ナラの フローリング ですよね？
ん？ あぁ そうだけど…
フローリング 張るのって 難しいですか？
まぁな 最初の壁際の 張り始めを どうするかで その後の段取りも 変わってくるけど
でもこうやって 最初の一枚目を うまく決めりゃ あとはこうやって…
雌実
雄実
きちっと 押してく だけだ…
タッカーは 雄実《おざね》の付け根部分から 斜めに打ち込む
張り始めは ボンドなんかも 併用するよ
強力 ボンド
あと床材の間には スペーサーを 挟んで張っていく
こうすると材が 吸放湿したときの 伸縮に 対応できる
スペーサー

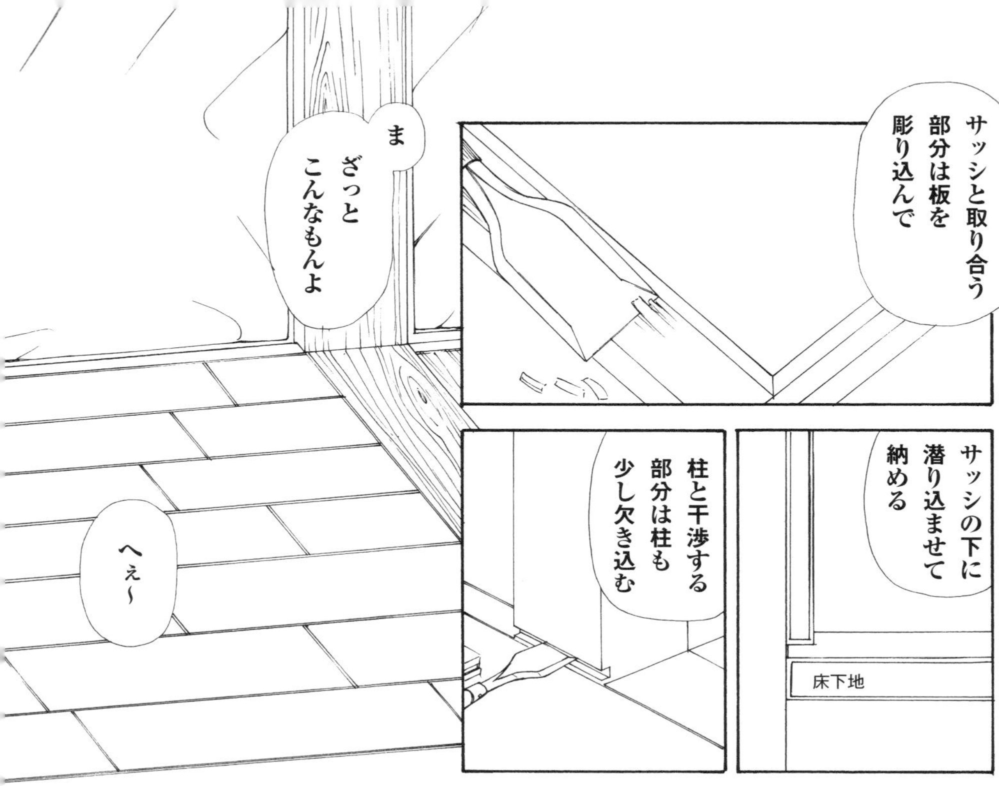

内部床工事のチェックポイント

下地（剛床）

□ 下地材（大引）は60㎜角以上の材を使用しているか

□ 大引にねじれ、割れがないか

□ 大引天端は水平で、確実に固定されているか

□ 剛床貫通部は周囲を60㎜角以上の材で補強しているか

□ 構造用合板を留める釘サイズとピッチ、めり込みに問題はないか

□「剛床割付図」どおりに施工されているか

下地（置き床）

□ 合板は千鳥状に張っているか

□ 構造用合板を留める釘サイズとピッチ、めり込みに問題はないか

□ すべての調整ネジは専用のボンドで固定されているか

仕上げ（フローリング）

□ フローリングの張り方向、割付、材料の質（色・節）などを考慮して施工されているか

□ 施工後、床鳴りがないか

壁の下地

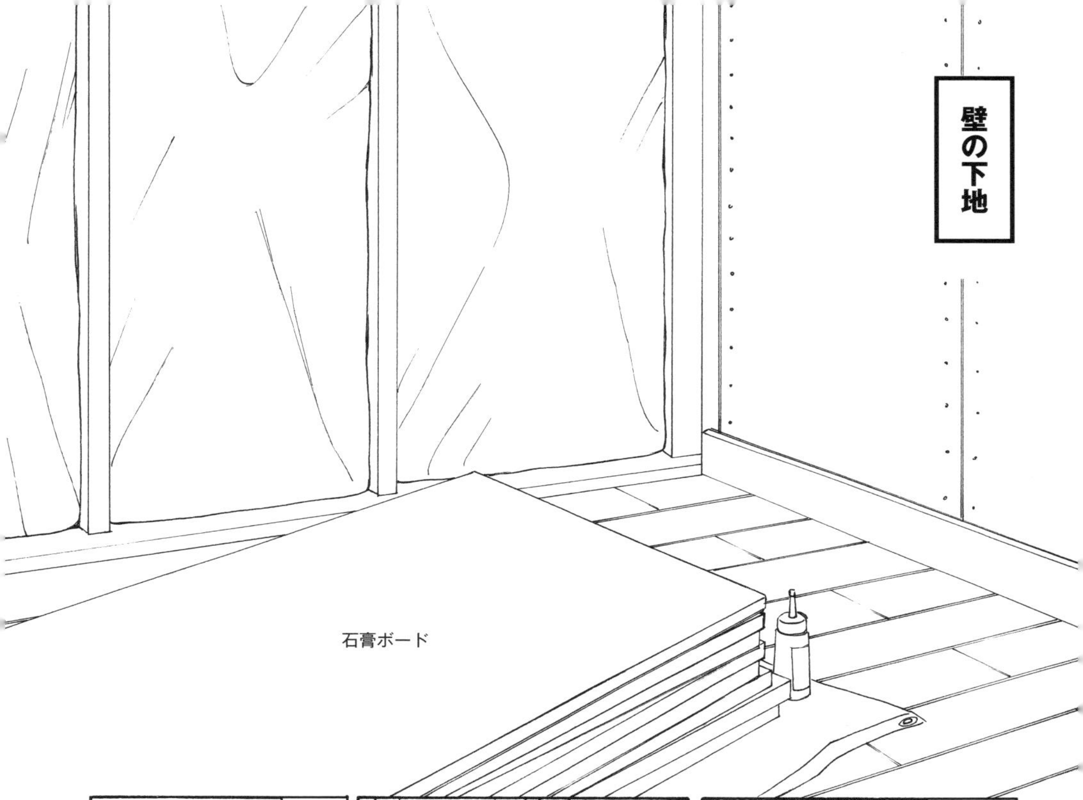

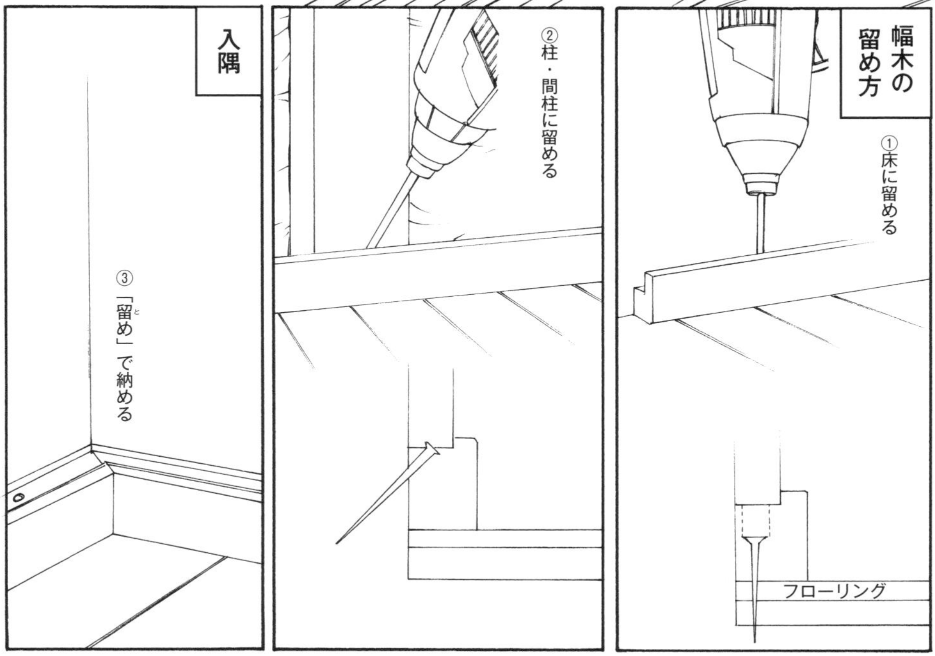

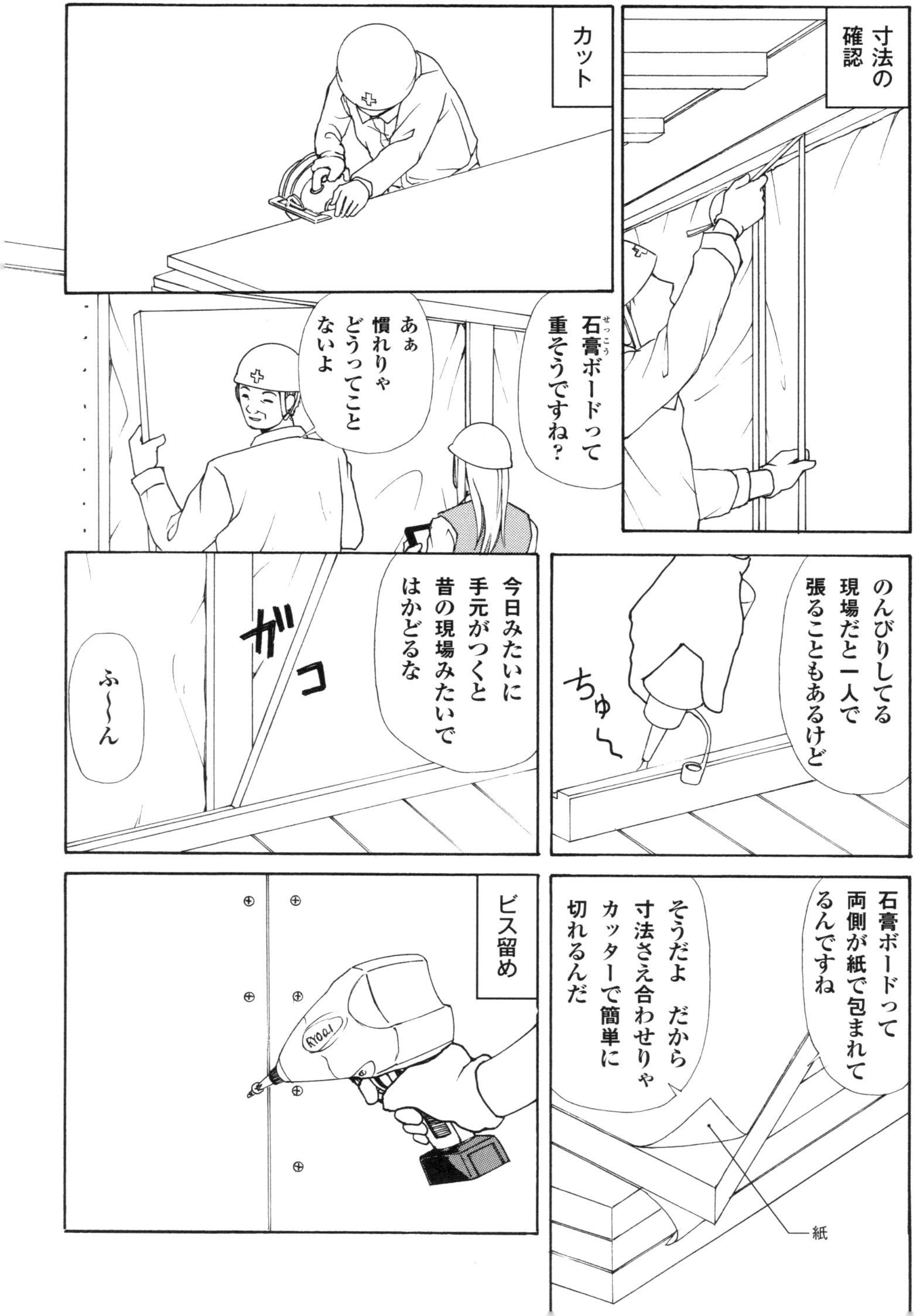
寸法の確認
カット
石膏《せっこう》ボードって重そうですね？
あぁ慣れりゃどうってことないよ
のんびりしてる現場だと一人で張ることもあるけど
ちゅ〜
今日みたいに手元がつくと昔の現場みたいではかどるな
ガコ
ふ〜〜ん
石膏ボードって両側が紙で包まれてるんですね
そうだよ　だから寸法さえ合わせりゃカッターで簡単に切れるんだ
紙
ビス留め

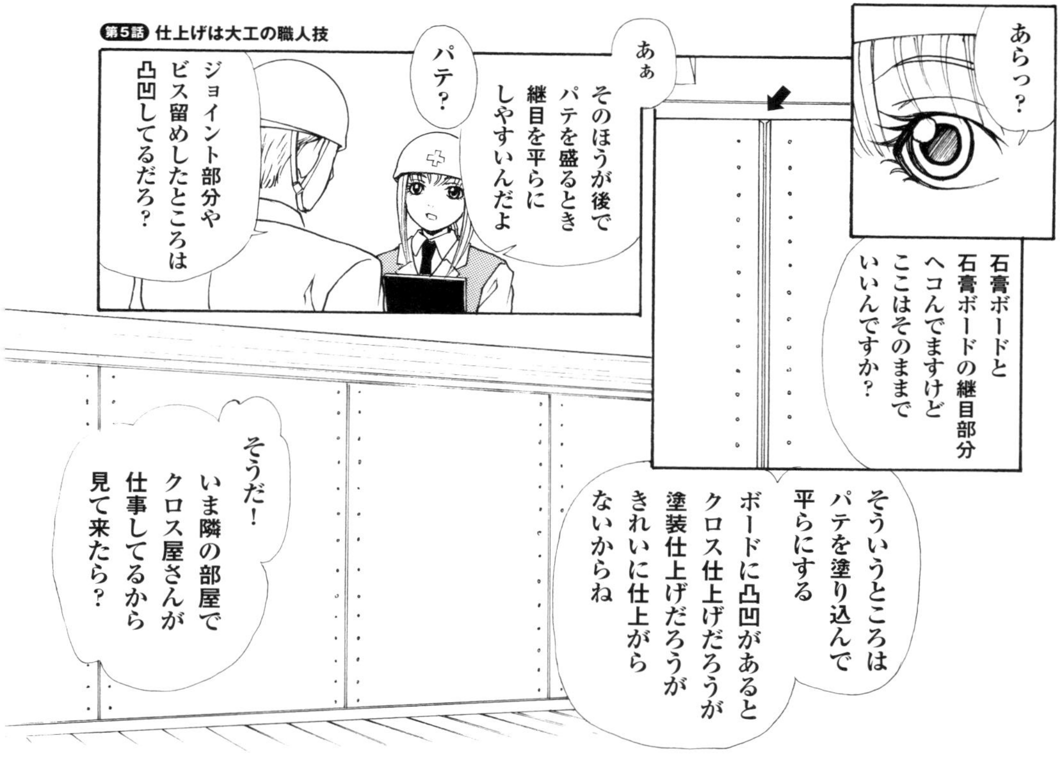

石膏ボードの納め方

①ボードの納まり（入隅）

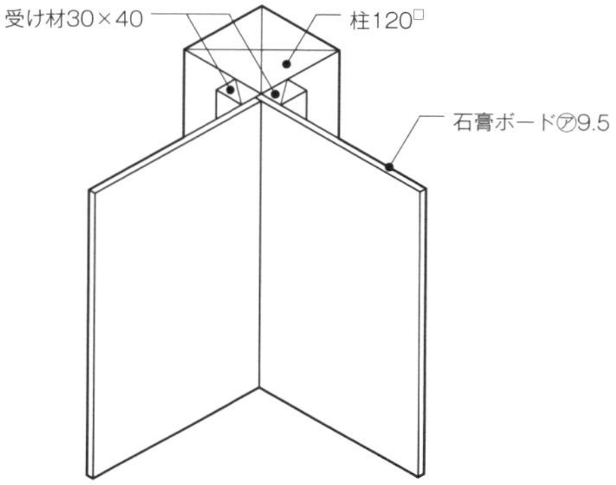

②ビスのピッチ

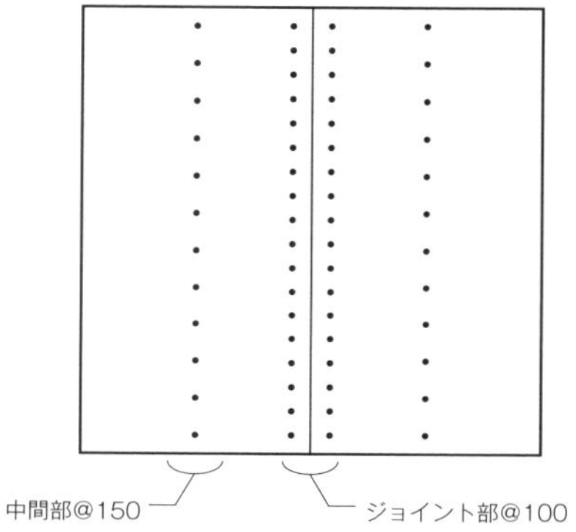

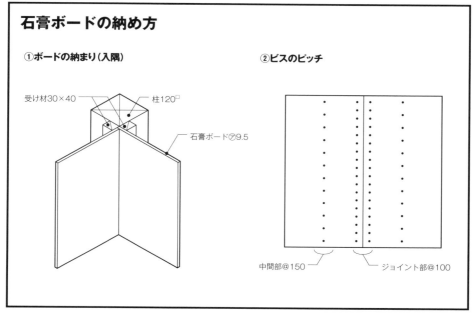

壁の仕上げ
おじゃましまーす
機械で糊付けされたクロスが切り出される
クロスの継目を確認して寸法を微調整
貼り付ける
中心から外へ
押さえコテで空気を抜く
柱や梁、幅木などの取り合い部分はヘラを当てながら切り落とす

うむ
あの〜
石膏ボードを張ってる職人さんに聞いたんですけど
クロスをきれいに貼るには、その前に塗るパテが重要なんですか？
そりゃそうさ
下地がきれいにできていないと何をやってもダメだからね
この部屋のパテはいつ塗ったんですか？
五日くらい前かな？
パテっていうのは下塗りしてから

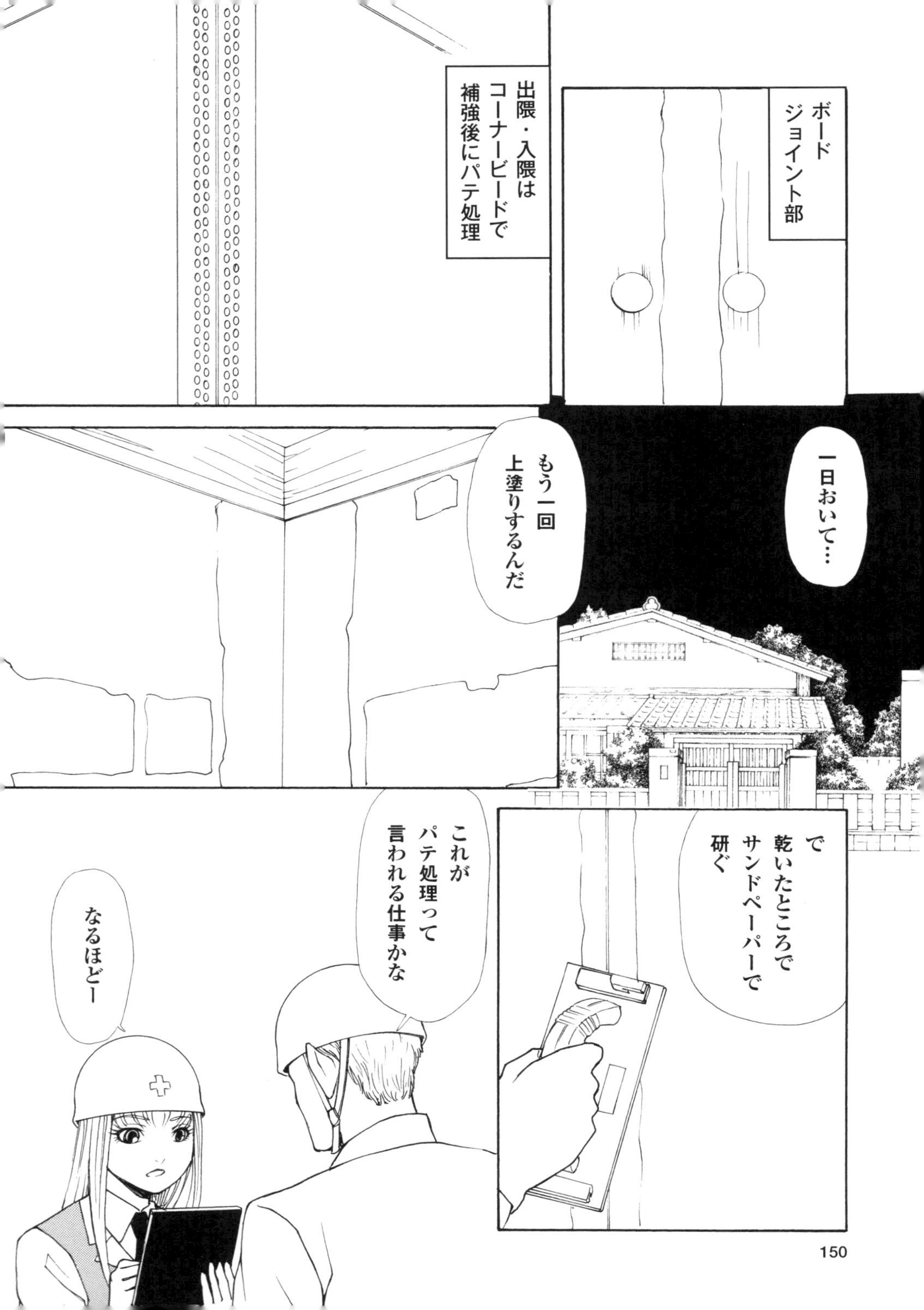
ボード ジョイント部
出限・入限は コーナービードで 補強後にパテ処理
一日おいて…
もう一回 上塗りするんだ
で 乾いたところで サンドペーパーで 研ぐ
これが パテ処理って 言われる仕事かな
なるほどー

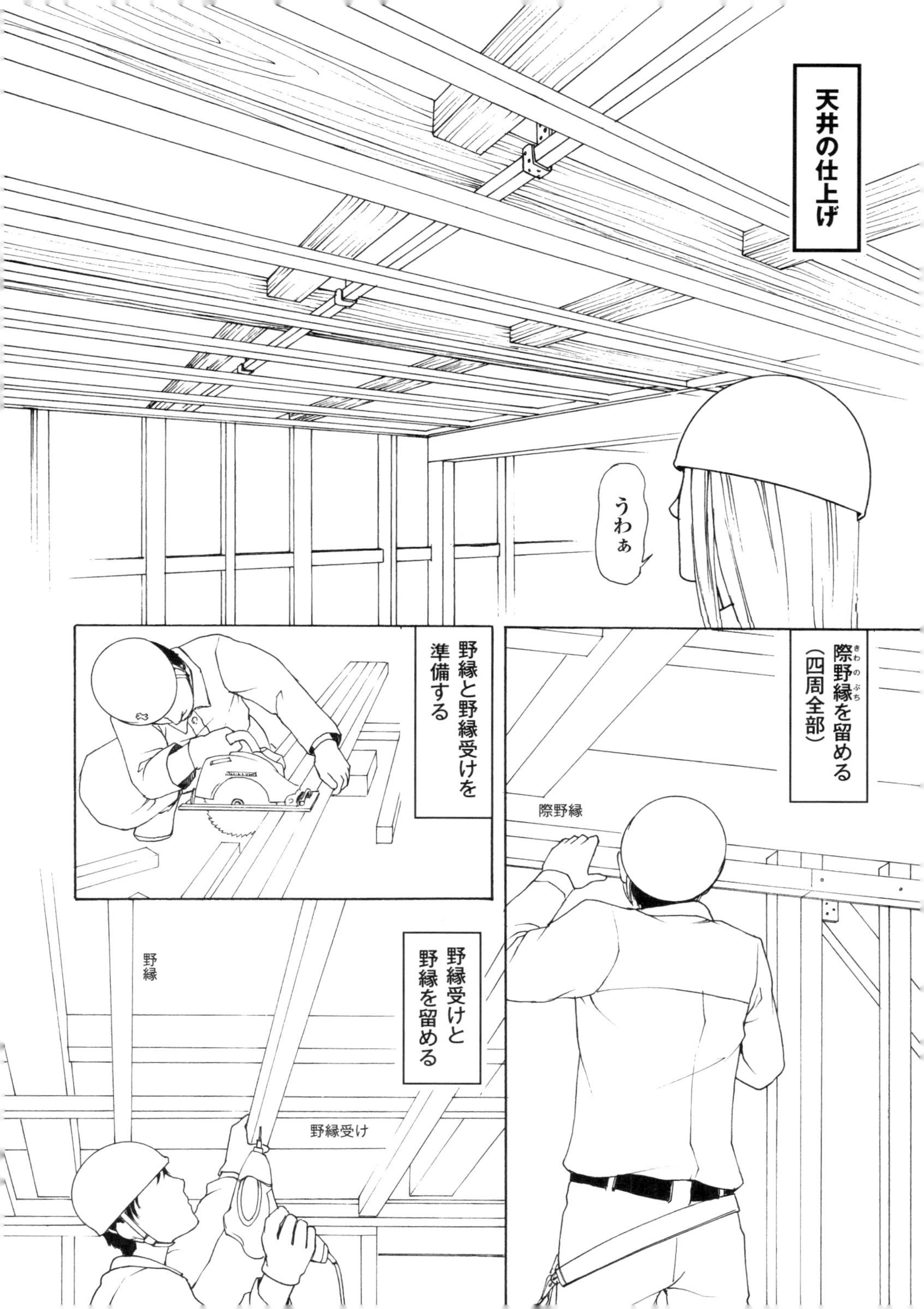
天井の仕上げ
うわぁ
際《きわ》野《の》縁《ぶち》を留める（四周全部）
際野縁
野縁と野縁受けを準備する
野縁受けと野縁を留める
野縁
野縁受け

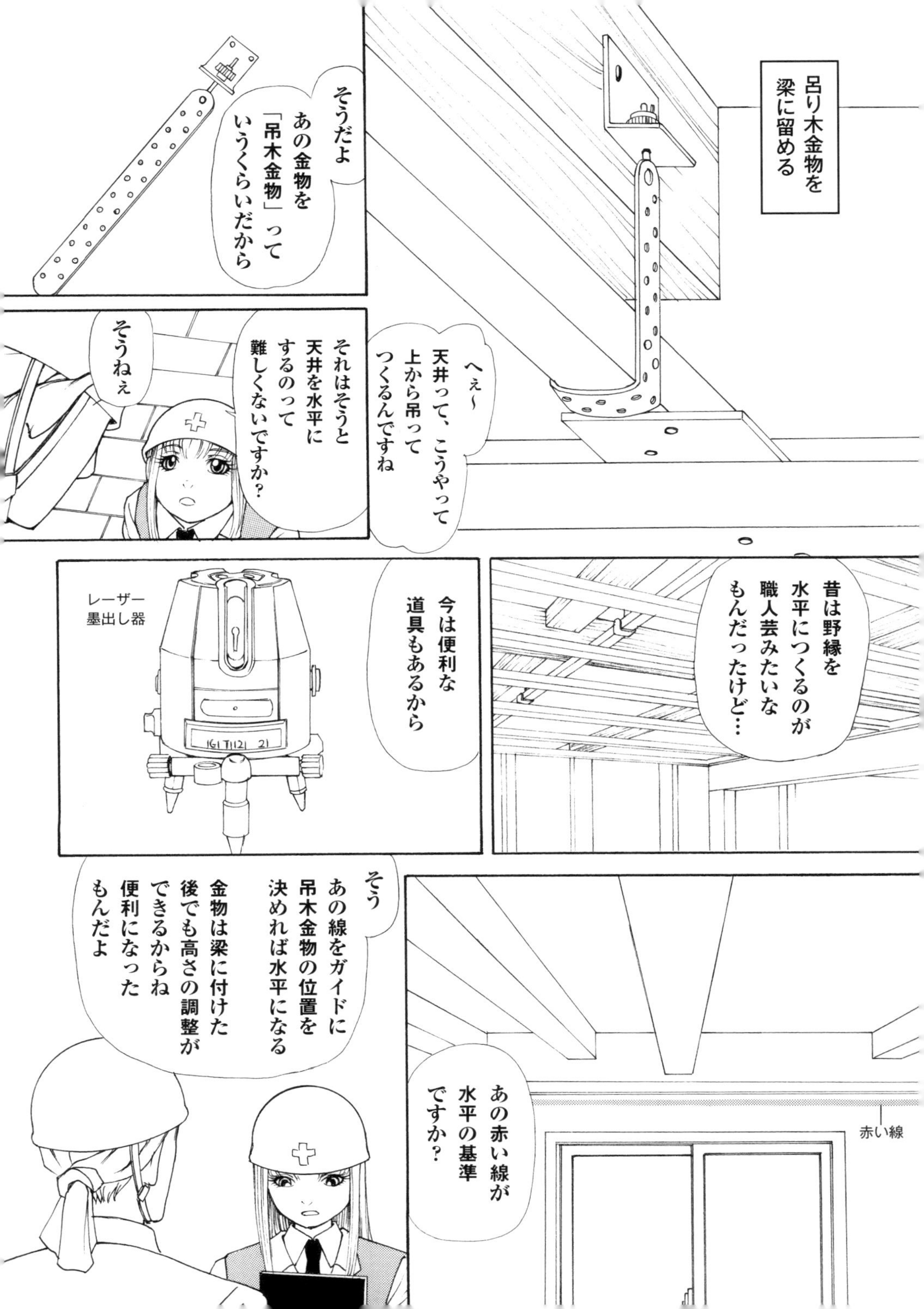
呂り木金物を梁に留める
へぇ～ 天井って、こうやって上から吊ってつくるんですね
そうだよ あの金物を「吊木金物」っていうくらいだから
それはそうと天井を水平にするのって難しくないですか？
そうねぇ
昔は野縁を水平につくるのが職人芸みたいなもんだったけど…
今は便利な道具もあるから
レーザー墨出し器
あの赤い線が水平の基準ですか？
赤い線
そう あの線をガイドに吊木金物の位置を決めれば水平になる
金物は梁に付けた後でも高さの調整ができるからね
便利になったもんだよ

石膏ボードの取り付け
※設備工事後
ボードの四周は面取りしておく
わー
一気に部屋らしくなった！

第6話 設備

最初にすべてを段取って

電気設備の工事
内装の工事と並行して
電気・空調の工事を進める
こんにちは～
おおっ？
君が噂の！
社長から
聞いてるよ！
勉強させて
いただいてます
よぉ～し
今日は張り切っちゃ
おうかな！
ところで
その紙は？
んっ
あぁ
電気設備の
図面だよ
いま確認してた
ところだ
空調用コンセント
換気扇
上下2段
分電盤
カウンター下
カウンター上
納戸
CH=2,200
ダウンライト
マルチメディアボード
インターホン親機
TEL端子
アース付きコンセント
h=1,200
h=2,000
200
910
1,365
2,730
棚下用ダウンライト
廊下
CH=2,200
1,820
DL4×2
1Fへ
3Fへ
ダウンライト
アース付きコンセント
2,730
台所
CH=2,200
ブラケット
調光スイッチ
汎用コンセント
へぇ～
なるべく
大工さんの仕事を
妨げないように
配線を回して
いくのがカギ
なんだよ
そこにあるのが
VVFケーブル
2×2.0
2×1.6
配線する距離に
よって径の太さを
変えるんだ

配線
ケーブル類はステープルなどで梁や柱に留めつけていく
あれはなんですか？
あぁ あれはコンセントボックス
スイッチやコンセントを付けるときに使う
柱や間柱にくっつけるんだ
下地がないときは大工さんにつくってもらう
このボックスの中に配線が入ってくるんですね
そうだね
スイッチやコンセントもそうだけど
ボックス以外に壁の中で結線する場合は…
ジョイントボックスというカプセルを使う

中はこんなふうに接続端子が入っていて
端子の保護と漏電防止の役割を果たしているんだ
てことは配線のことは大工さんもある程度考えておかなきゃならないんですね
たいへんだ〜〜
特に重量のある照明器具などを吊り下げる場所はそうだね
石膏ボードだけじゃ頼りないから
ちゃんとビスが効く下地をあらかじめ入れといてもらわないといけないんだ
下地
石膏ボード
なるほどー
天井に換気扇を設置する場合も同じだよ
天井に換気扇を設置するときはまず野縁《のぶち》を補強してやらないといけない
野縁
そのうえで換気扇から排気口までをフレキ管でつなぐんだ
へぇ〜

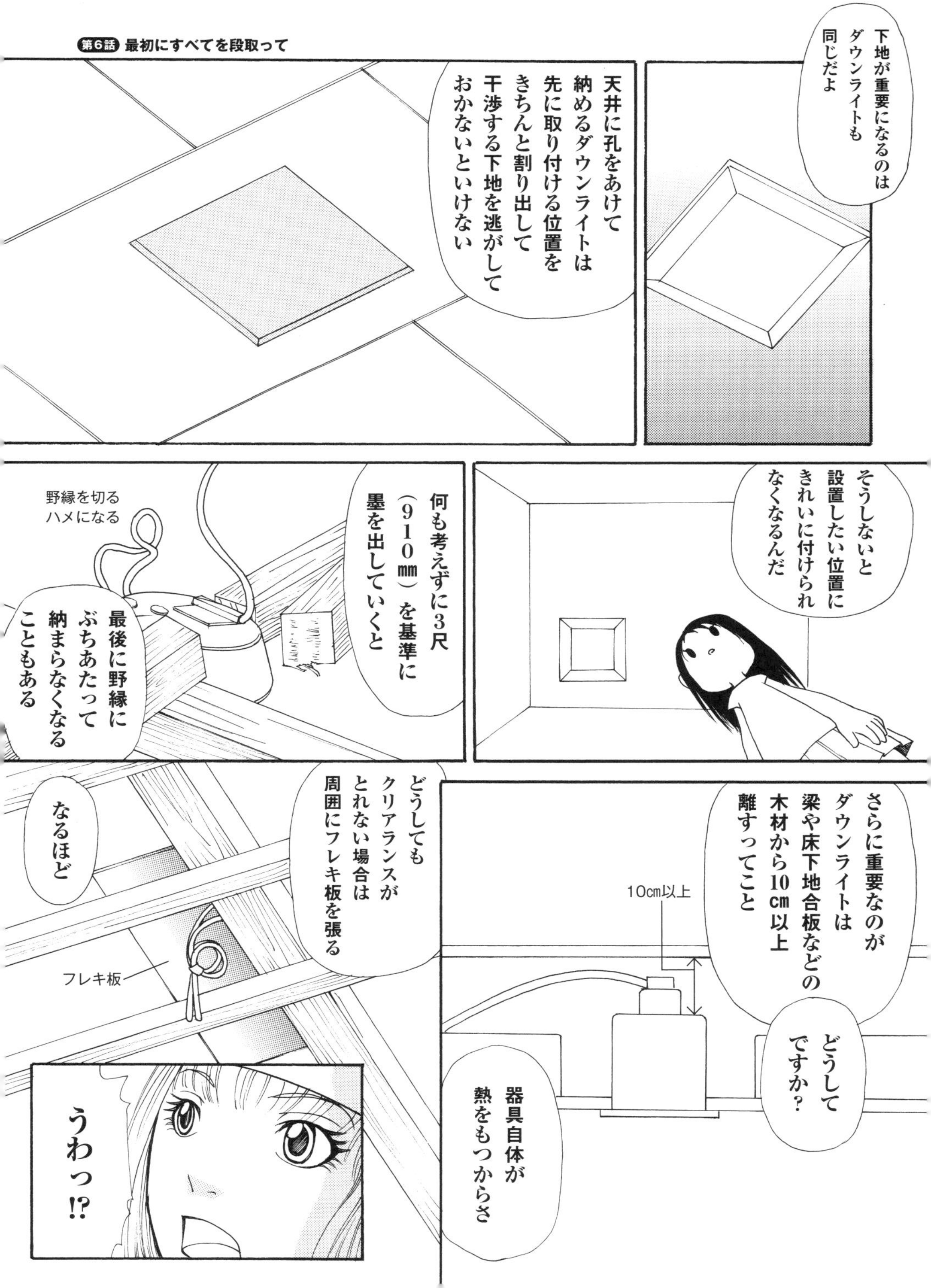
下地が重要になるのは ダウンライトも 同じだよ
天井に孔をあけて 納めるダウンライトは 先に取り付ける位置を きちんと割り付け出して 干渉する下地を逃がして おかないといけない
そうしないと 設置したい位置に きれいに付けられ なくなるんだ
何も考えずに3尺（910㎜）を基準に 墨を出していくと
野縁を切る ハメになる
最後に野縁に ぶちあたって 納まらなくなる こともある
さらに重要なのが ダウンライトは 梁や床下地合板などの 木材から10㎝以上 離すってこと
10㎝以上
どうして ですか？
器具自体が 熱をもつからさ
どうしても クリアランスが とれない場合は 周囲にフレキ板を張る
フレキ板
なるほど
うわっ⁉

なんですか ここ！
配線がすごく 固まってるみたい ですけど…
あぁ あそこは分電盤を 設置する場所だから どうしても そうなるよね
これだけ 線が集まると 作業も大変だよ
そういうことも 「最初から 決めとかなきゃ」 なんですね
そう！ でも、この現場は 社長自身が最初から 関わっているから
作業する職人の ことまで考えた 設計になってる
そうなんですかぁ… 社長ってすごいん ですね
だから今日みたいな 突貫工事でも スムーズに うまくいくのさ
さて！ 次は 外壁貫通部を 見ていこうか

外壁貫通部の
処理はとても
大事だ
配管が
防湿気密シートを
貫通する部分は
気密テープで隙間を
しっかり埋める
気密テープ

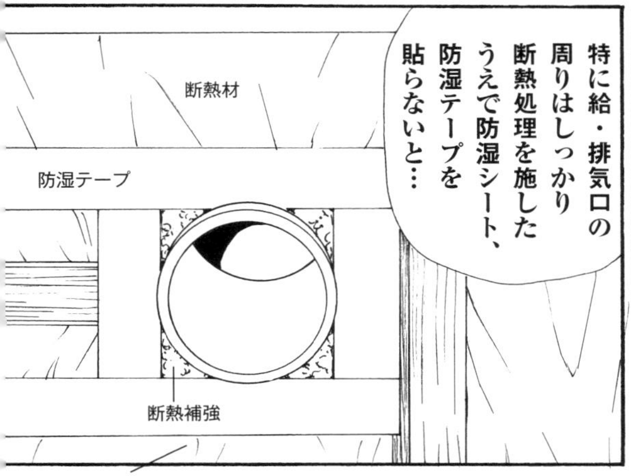
特に給・排気口の
周りはしっかり
断熱処理を施した
うえで防湿シート、
防湿テープを
貼らないと…
断熱材
防湿テープ
断熱補強

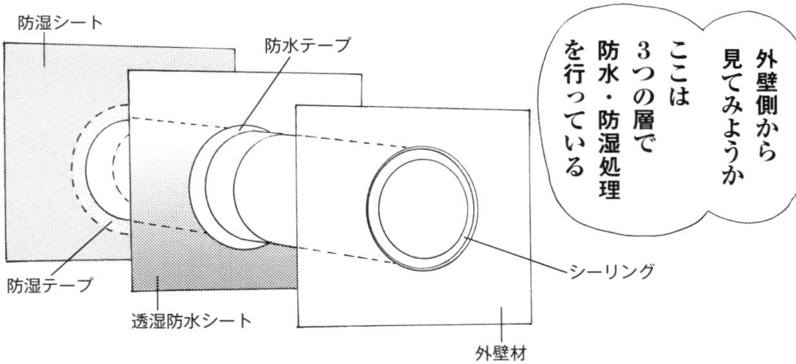
外壁側から
見てみようか
ここは
3つの層で
防水・防湿処理
を行っている
防湿シート
防水テープ
シーリング
防湿テープ
透湿防水シート
外壁材

こんな感じだね
外壁下地用の
透湿防水シートを
貼ってさらに
シーリングを打つんだ
シーリング

そういえば
さっき一階に
ユニットバスが
搬入されてたから
そっちも
見てきたら？
はい！
ありがとう
ございました

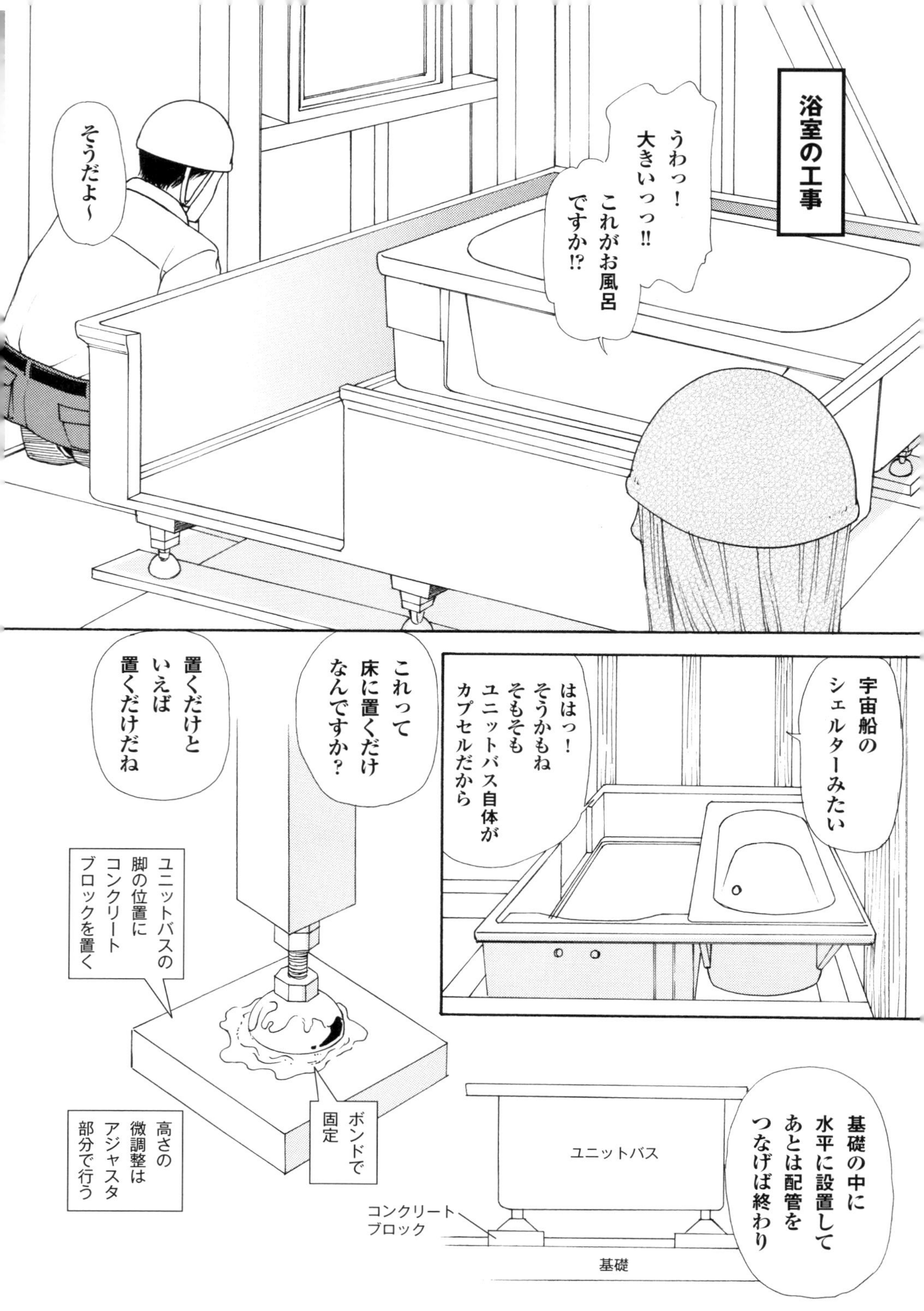
浴室の工事
うわっ！ 大きいっっ!!
これがお風呂 ですか!?
そうだよ～
宇宙船の シェルターみたい
ははっ！ そうかもね そもそも ユニットバス自体が カプセルだから
これって 床に置くだけ なんですか？
置くだけと いえば 置くだけだね
ユニットバスの 脚の位置に コンクリート ブロックを置く
ボンドで 固定
高さの 微調整は アジャスタ 部分で行う
基礎の中に 水平に設置して あとは配管を つなげば終わり
ユニットバス
コンクリート ブロック
基礎

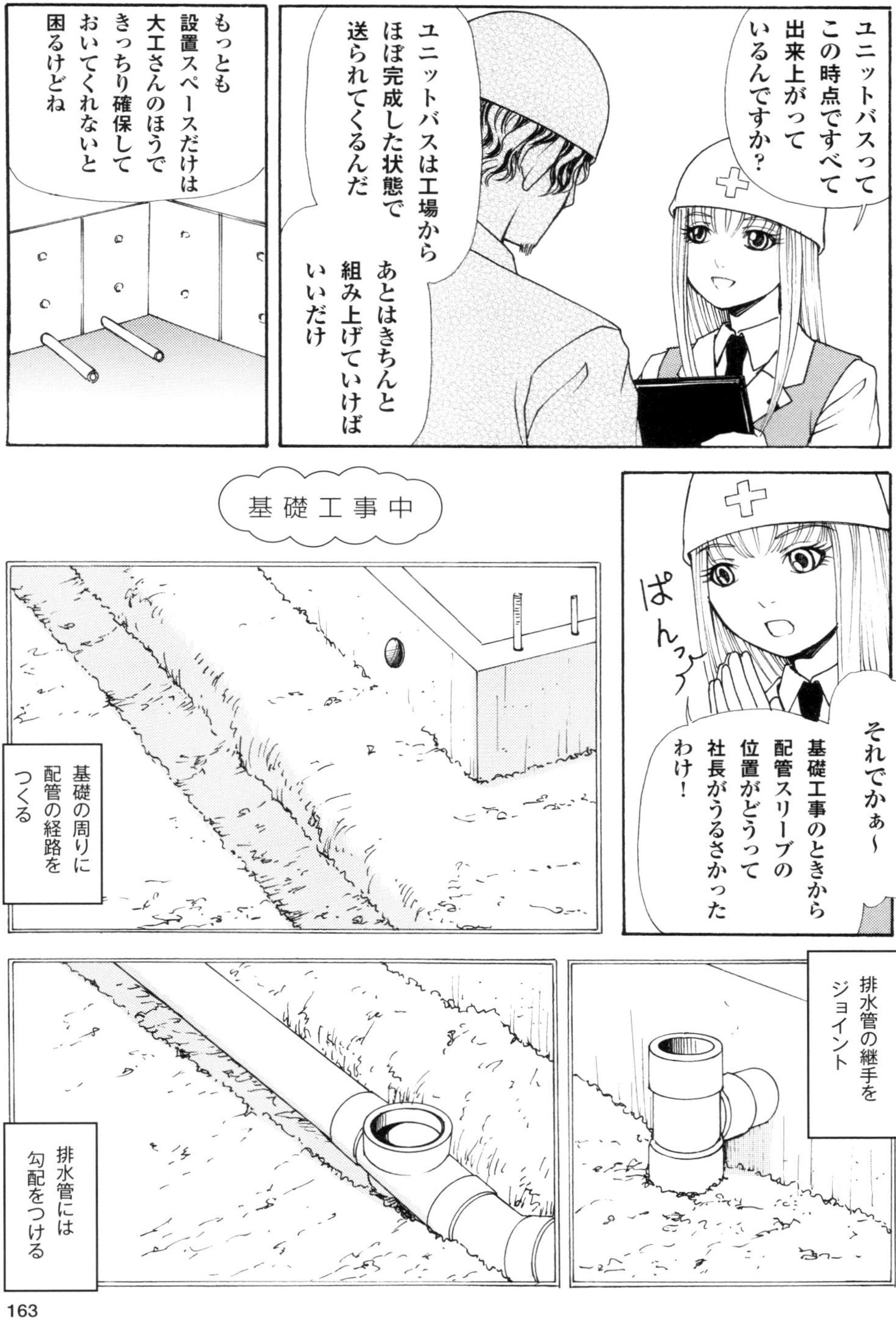
ユニットバスってこの時点ですべて出来上がっているんですか？
ユニットバスは工場からほぼ完成した状態で送られてくるんだ
あとはきちんと組み上げていけばいいだけ
もっとも設置スペースだけは大工さんのほうできっちり確保しておいてくれないと困るけどね
ぱんっ
それでかぁ〜
基礎工事のときから配管スリーブの位置がどうって社長がうるさかったわけ！
基礎工事中
基礎の周りに配管の経路をつくる
排水管の継手をジョイント
排水管には勾配をつける

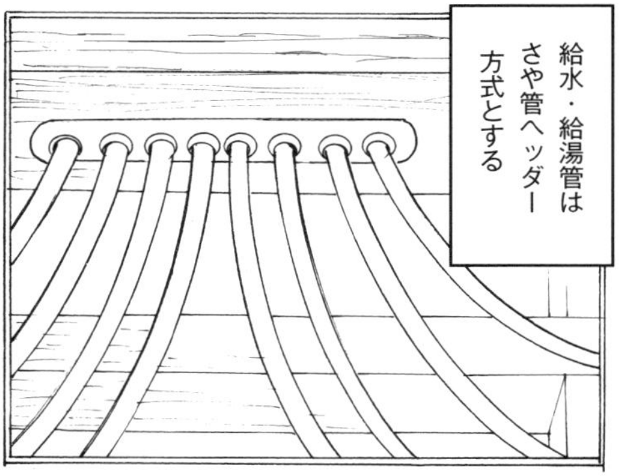

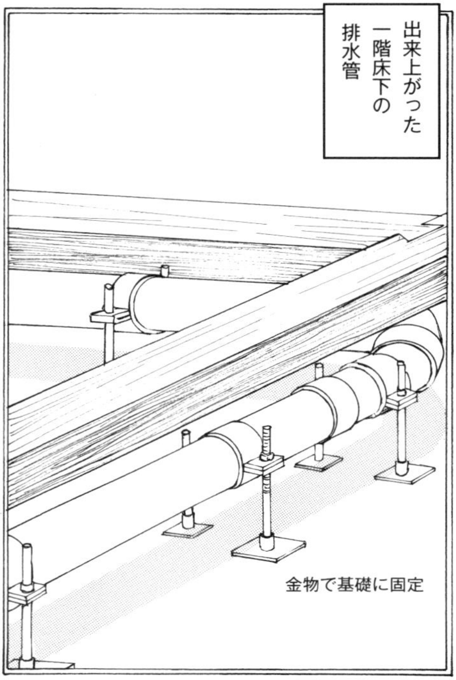

住宅内の給水・給湯管

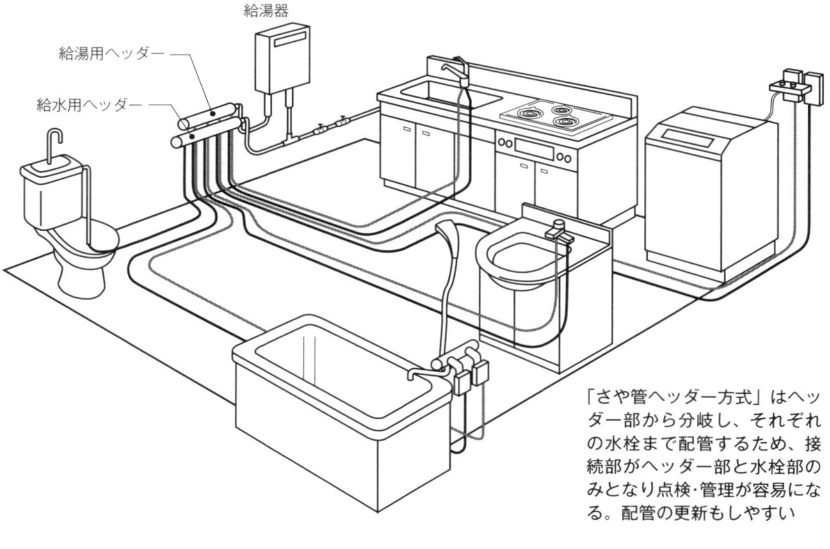

「さや管ヘッダー方式」はヘッダー部から分岐し、それぞれの水栓まで配管するため、接続部がヘッダー部と水栓部のみとなり点検･管理が容易になる。配管の更新もしやすい

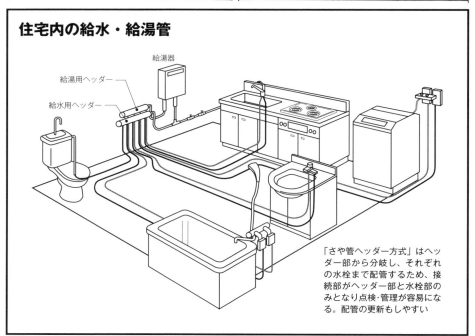

…ねぇ
コルビー
私…なんだか
社長に悪いこと
しちゃった…
どういう
こと？
内装の工事って
電気とか給排水とか…
もっと前の基礎工事の
段階からとか…
いろんな人が関わって
初めて成り立って
るんだよね
そういうことを
全体的に考慮
しながら
設計したり
施工管理したり
時にはお施主さんの
対応をしたり…
あらためて社長って
すごい人だなって…
なのに私、勝手に
内装だけつくっ
ちゃったりして…
はぁ…
…内装直す
べきかなぁ

建具の工事
日が変わって——
まぐさ
開き戸が入るところ
まぐさを間柱にビス留めする
開き戸の枠を組む
この枠に扉が付くんですか？
あぁ まぐさを取り付けてから建具枠を付けるって順番だね
枠の精度が悪いと戸が開きにくくなるから
とても気を使うところだよ
ココがぶつかって開きにくい
開き戸の枠
これってきれいな木ですね
きれいっていうより… 建具材には柾目《まさめ》の材を使わないと反りが激しくなるからそうしてるだけだよ
反り
反り
○ 柾目
× 板目

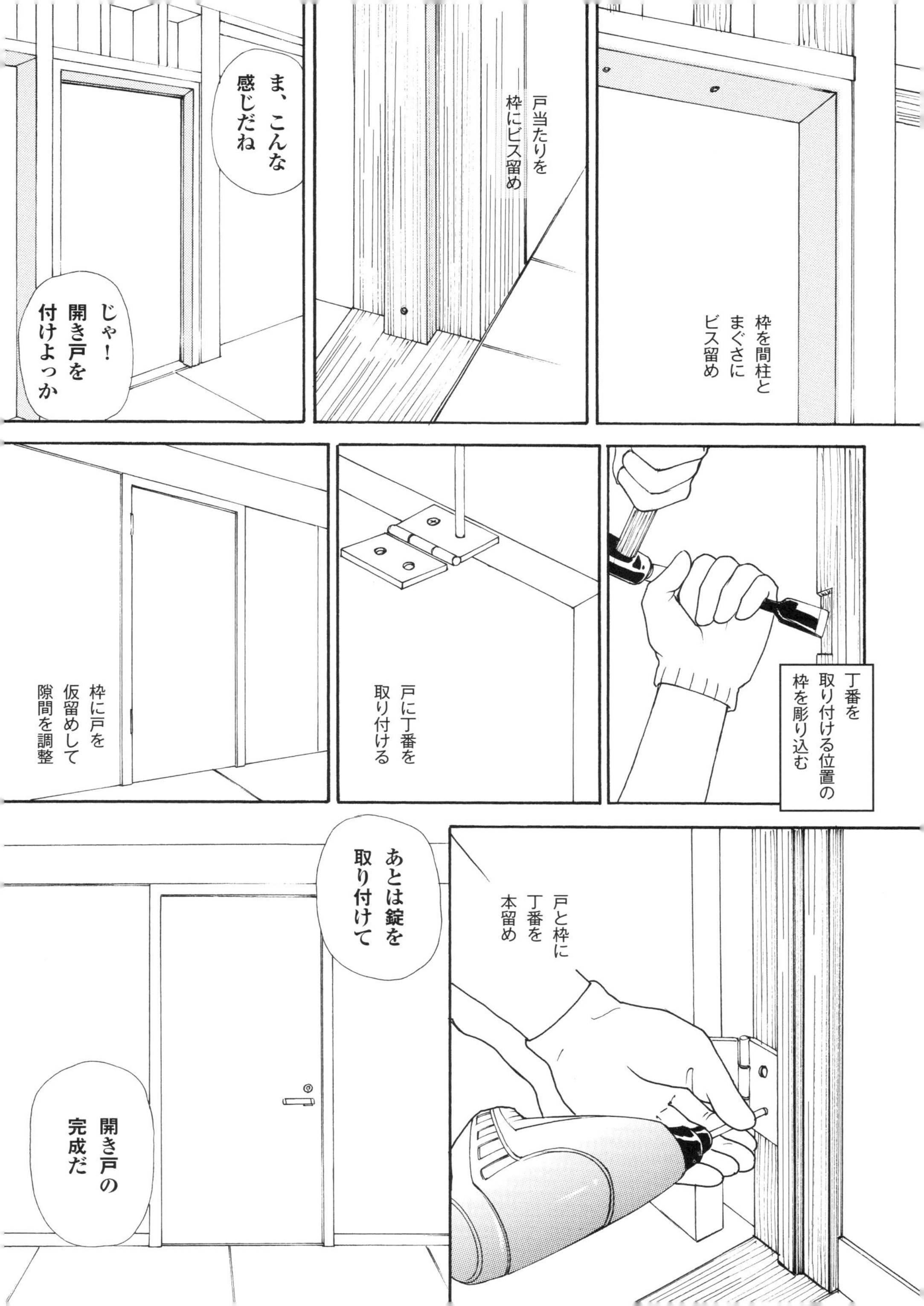
枠を間柱とまぐさにビス留め
戸当たりを枠にビス留め
ま、こんな感じだね
じゃ！開き戸を付けよっか
丁番を取り付ける位置の枠を彫り込む
戸に丁番を取り付ける
枠に戸を仮留めして隙間を調整
戸と枠に丁番を本留め
あとは錠を取り付けて
開き戸の完成だ

敷居・鴨居
※フローリングを張る前に施工
床下地に敷居の位置を墨出し
敷居を床下地にビス留め
壁際はボードの厚み分だけ敷居を離しておく
敷居の溝ってこんなに深くないとダメなんですか？
溝はこのままの深さになるわけじゃないよ
引戸の動きがスムーズになるようにあとで溝底に「敷居すべり」を入れるだからその分深くなってるんだ
鴨居も同様に天井下地にビス留めする
なるほど～建具ってミリ単位の仕事なんですねぇ

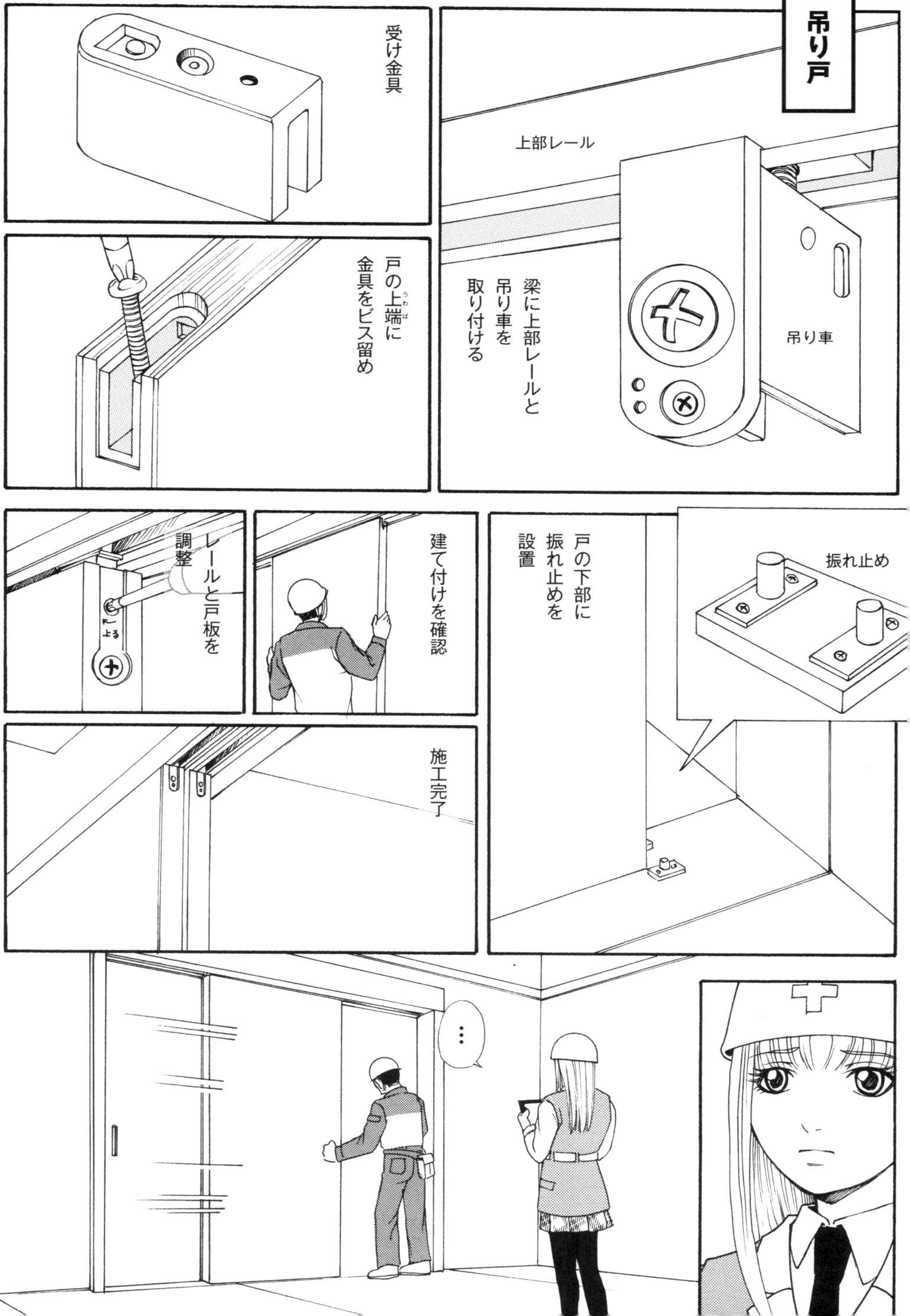
吊り戸
上部レール
梁に上部レールと吊り車を取り付ける
吊り車
受け金具
戸の上端《うわば》に金具をビス留め
振れ止め
戸の下部に振れ止めを設置
建て付けを確認
レールと戸板を調整
よる
施工完了
…

まったく…
電気の配線も
まだなのに
勝手に仕上げちまい
やがって…
電気とか水道は
仕上げの前に
やっておくもの
なんですよね…
あったりめぇだろ
そんなの！
それは
ともかくよ！
よく見ると
仕上げとしては
なかなか見事な
仕事だよな！
ただ…
やっぱりこりゃ
俺の仕事じゃねぇや

まだしらばっくれるんですか？
こら 振一郎！
てめぇ
新建材ばっかり触ってるうちにヤキが回ったんじゃねぇのか!?
パーン
この仕事は俺の仕事どころかもはや人間業じゃねぇっ!!
ま まぁ…
俺も少しはそう思いますが…
……
見てみろ!!
この柱！
ヒノキの四方柾《しほうまさ》だ
長押《なげし》で使ってる秋田杉は本物だろうが…
木目が寸分違わず同じになってる
こんなことってあるか!?
むむっっ
言われてみれば…見事…と言うより…

完璧すぎて
気持ち悪い…かな
天井
壁
廻縁《まわりぶち》に至っては
トメでなおかつ
木目が一周
つながってる！
神業だよ
こりゃ！
やりすぎちゃった
かなぁ～…
しー！
…
まぁ…
あれだな
きっと最近の
住宅のつくり方に
家づくりの神様が
お怒りなんだろうよ
それはともかく
振一郎っ！
ビシッ
これ壊して
やり替える前に
お客様に一度
見てもらったら
どうだ？

この部屋の工事代はいりませんから
このままお納め願えませんかって
とんでもねぇ仕上がりですからってよ
確かに…
これ壊すのはもったいないか…
電気や給排水はなんとかできるだろうし…
よっしゃ！決まりだっ!!
――で
茜っ!!
はいっ!!
ガラ…
お前　ちょっと
俺に付き合え！

純和風の内装

ありゃあ ホントに見事 だったよなぁ～ 茜…
けどよ…
俺はあの内装 好きになれねぇ
…
ありゃ ちょっと 出来すぎだよ
すべての材料が 理想的に 仕上がってて…
いや… 仕上がりすぎ ってやつか
あそこまでいくと やってることは 新建材と同じよ
──同…じっ？
キュッ
だってそうだろ？ あんな絵に描いた ような材料… 世の中に存在する はずがねぇ
たとえ あれが 神の仕業だと しても
あんなつまらん 仕事はないさ

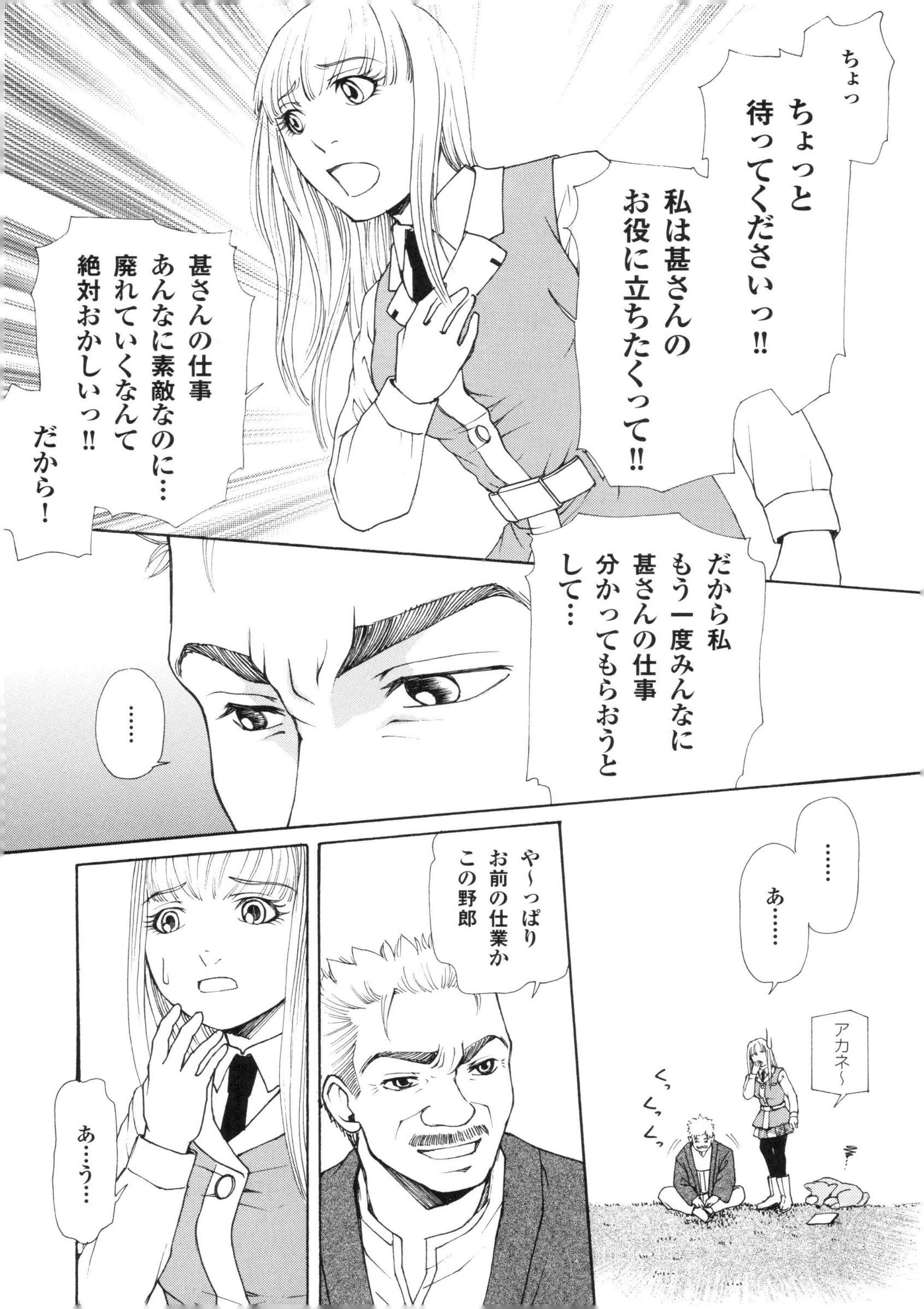
ちょっ
ちょっと待ってくださいっ!!
私は甚さんのお役に立ちたくって!!
甚さんの仕事あんなに素敵なのに…廃れていくなんて絶対おかしいっ!!
だから!
だから私もう一度みんなに甚さんの仕事分かってもらおうとして…
……
……
あ……
アカネ〜
くっくっくっ
や〜っぱりお前の仕業かこの野郎
あ…う…

なんで分かったんですか？
まぁ なんとなく 大工の勘って やつだ
どうやったかとか お前がホントは 何者なのかとか
そんなのは どうでも いいけどよ
かわいい弟子の 間違いは正して やらないとな
いいか 茜
木っていうのは 一本一本みんな 違うんだ
産地も違えば 製材所も違う
曲がってんのや 節くれだったやつ
傷がついてるやつ
それらを 適材適所で 使ってやるのが 棟梁の器よ
お前がつくったあれは 棟梁のいらねぇ おもちゃのプレハブだ
…はい
…俺の仕事 そんなにお気に 召したかい？
はいっ!!

日本の木造住宅の良さは構造と内装にビシっと筋が通ってるとこだって甚さん前に言ってたでしょ!?
私 その通りだなって!
そんな甚さんのお家古いけどなんて美しいんだろうって!!
あ~
そう言われんのはありがてぇがよ
振一郎の言うように俺の仕事がもう古いってのも事実なんだよ
今の世の中快適とか便利ってやつのほうが大事でよ…

そうやって快適や便利を追い求めていったから未来の地球はどんどん木材がとれなくなっていくんです!
……みら…い…?
え…なんですかその反応…
お゛〜…
?…
いや…俺はてっきりどっか違う星の…
お前宇宙人っぽいし…
は…?
時代が違うとは…
……
今さらですけど私354年後の未来からやって来ました日本の木造建築を守るために調査をして報告するのが私の任務です!
あれもそうか?
はい犬型汎用支援ロボットです
…まぁでも納得したぜ
うをっ
茜があの部屋を四角四面でつくっちまった理由
俺の仕事にこだわる理由がな

お前のいる未来の世界ってのはそういうつまんない世界なんだな
で 調査は済んだのか？
はい！ たったいま終わりました！
木材というのはみんな違っている 違っているところが魅力です
その魅力を最大限に引き出して全体として見事に束ねるのが棟梁や設計者の仕事で
それが日本の木造建築の真髄なんです

それを おざなりにすると どういうことに なるのか…
どういう未来が 待ち受けているのか
私はそれを 身をもって 知りました
そうか…
よし! やっぱりあの内装 全部壊しましょう!
へっ?
もともとあれは 規律違反だし! 私が責任 とらないと!!
ちょっ! おいっっっ!!

お〜いっ！
？
お〜い 会長!!
茜さ〜ん！
いたいたっ!! もぉ〜 すんごい 探しましたよ
なんだ？ どうした？
さっき あの家の お施主さんに 例の内装を見て もらったんすよ
そしたら あれはあれで いいって 気に入ってくれて！
それより工事が 早く進んで引っ越しも 早まるみたいだから その分支払いのほうは はずみますって！
だから 早く帰って来い って社長が
おっし 帰るか！ 茜
はいっ

ワイワイ
オツカレ!
カンパーイ
檜工務店
つかいばしり
号泣

のめ～♪
ガッハッハッ
いやぁ すいません
チュン
チュン
檜工務店

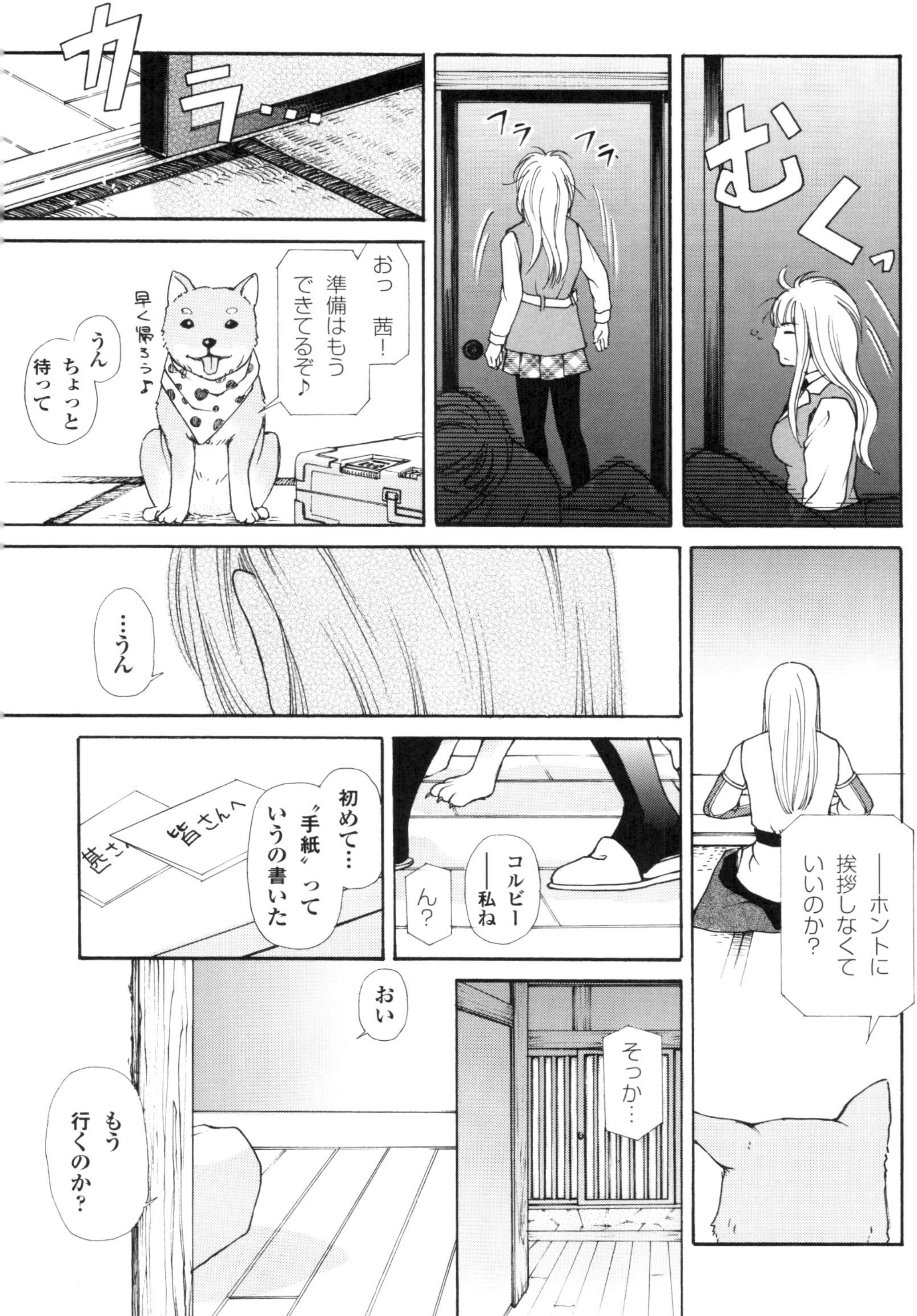
むくっ
フラ フラ
カラ…
おっ 茜!
準備はもう できてるぞ♪
早く帰ろう♪
うん ちょっと待って
…うん
――ホントに挨拶しなくていいのか?
コルビー ――私ね
ん?
初めて… “手紙”っていうの書いた
皆さんへ
そっか…
おい
もう行くのか?

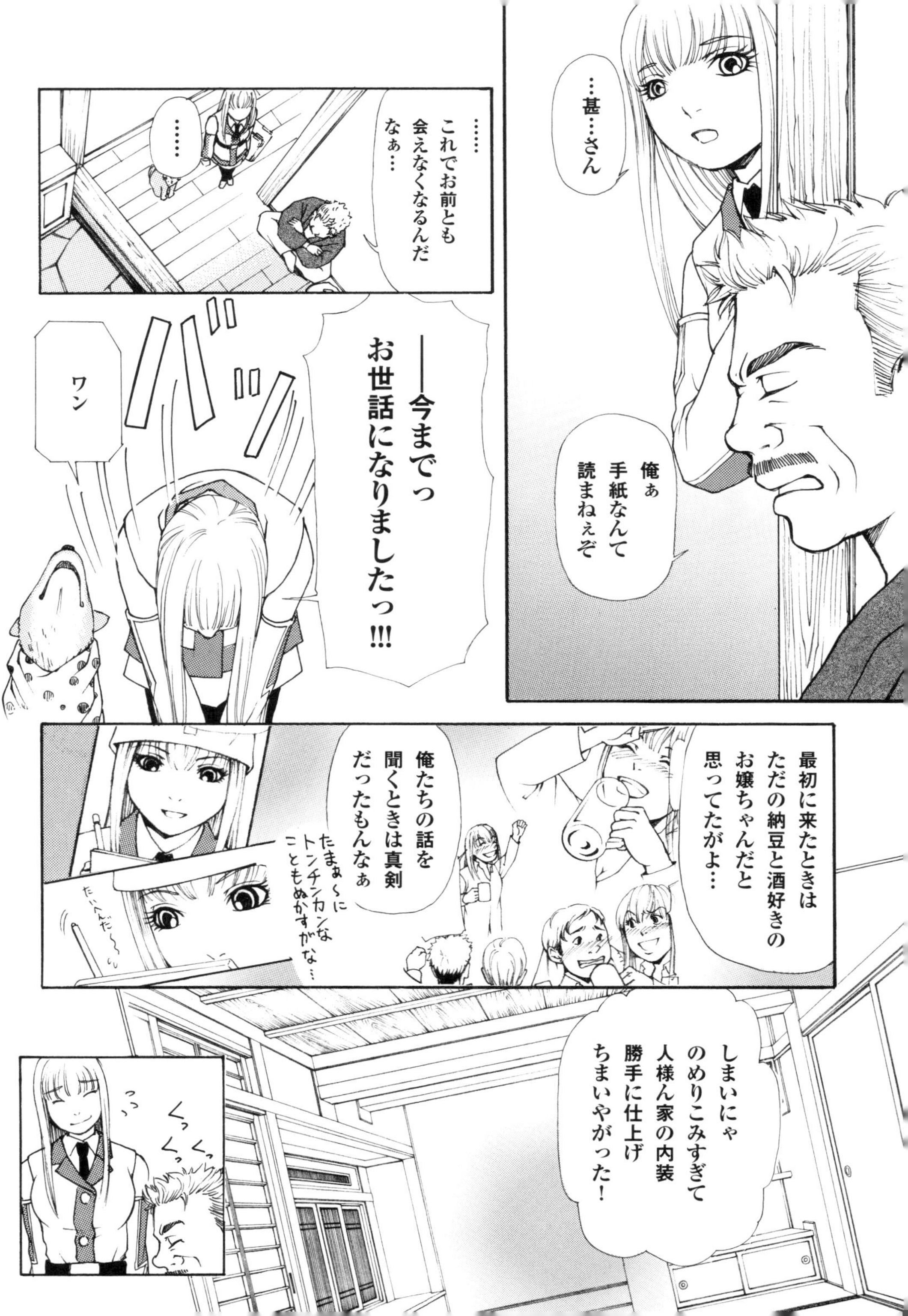
…甚…さん
俺ぁ手紙なんて読まねぇぞ
……これでお前とも会えなくなるんだなぁ…
……
——今までっお世話になりましたっ!!!
バババ
ワン
最初に来たときはただの納豆と酒好きのお嬢ちゃんだと思ってたがよ…
俺たちの話を聞くときは真剣だったもんなぁ
たまぁ～にトンチンカンなこともぬかすがな…
たいへんだ～
しまいにゃのめりこみすぎて人様ん家の内装勝手に仕上げちまいやがった!
くっくっくっ

——お前
いい大工に
なってたぜ
俺が保証
してやる!
——はい
——それとよ
茜に土産を
持たせようと
思ってな
よっこらせ
…土産?
おう!
あんだけ
頑張ったんだ
土産の一つや二つ
持って帰ってもバチは
当たんねぇだろ
まぁ…
特別許可は
いただいたんで…
多少なら…
なんだろ
なんか
怖い…
ほれ!

ドッサリ
ひょっとこ納豆
ひょっとこ納豆
……
どうだ！お前のことだから何も言わずに帰っちまうと思ってよ昨日慌てて買いに行ったのよ
…はぁ
親方もどっかズレてるよな……
一年分はあるか!?
…ありがとうございます
それじゃあ…
おう！達者でな!!
カラカラ

――
――
ピカッ
……
ガシ ガシ
ガシ ガシ
おう! お前ら!!
いつまで寝腐ってやがんだ! バカ野郎!!
ドタ ドタ
うぅ～ 会長…頭が…
自業自得だっ バカタレっ!! ほれっ皆起きろ!!

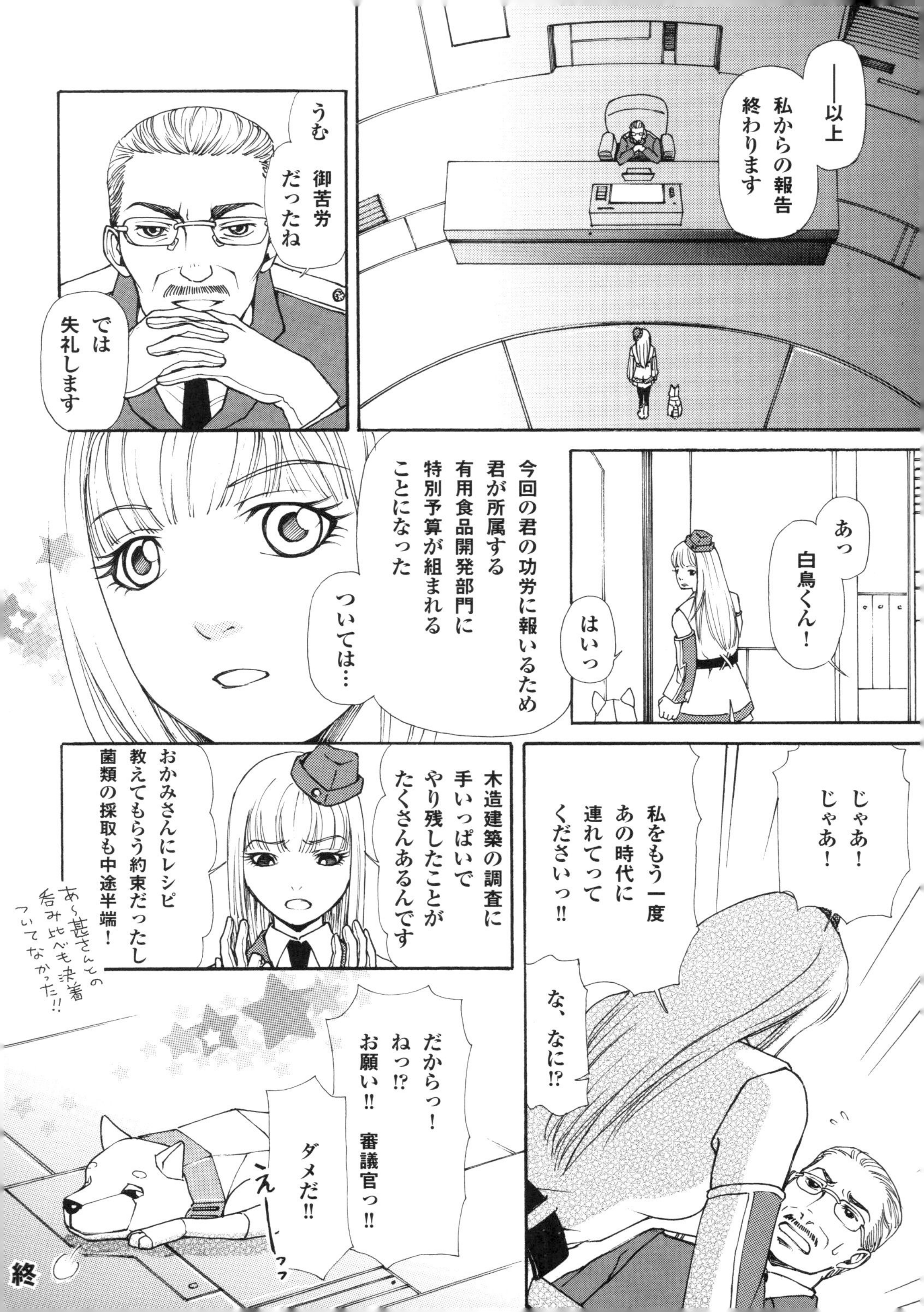
——以上 私からの報告終わります
うむ 御苦労だったね
では失礼します
あっ 白鳥くん!
はいっ
今回の君の功労に報いるため君が所属する有用食品開発部門に特別予算が組まれることになった
ついては…
じゃあ! じゃあ!
私をもう一度あの時代に連れてってくださいっ!!
な、なに!?
木造建築の調査に手いっぱいでやり残したことがたくさんあるんです
おかみさんにレシピ教えてもらう約束だったし菌類の採取も中途半端!
あ～甚さんとの呑み比べも決着ついてなかった!!
だからっ! ねっ!? お願い!! 審議官っ!!
ダメだ!!
えーっ
終

変化をつづける木造住宅の世界で変わらないもの

森山高至

建築に携わる人もそうでない人も、いちばん身近な建物といえば木造住宅でしょう。ところが、ひとくちに木造住宅といっても、そのイメージは年齢や地域によってずいぶん異なります。ある人は、漆黒の瓦を戴いた純和風の木造建築をイメージするかもしれません。またある人は、白い板張りがまぶしい洋館風の輸入住宅をイメージするかもしれません。どうしてでしょうか？　それはおそらく、わが国の木造住宅が私たちが想像する以上のスピードで年々進化（変化）しているからです。

いまの若者には想像できないかもしれませんが、60年ほど前、まだ日本には茅葺《かやぶき》屋根の家がそこかしこに建っていました。文化財や保存用の建築物としてではありません。普通の人が普通に暮らす家として普通に使われていたのです。戦後20年ほど経ち、大都市圏ではそろそろ高層ビルが建ち始めようかという頃、田舎のほうではまだ築１００年以上の木造住宅が当たり前のようにあったのです。

本作の主人公である茜が、「未来で想像していた木造建築と違う」という趣旨の発言をしますが、なにを隠そう、この言葉は遠い未来から見た現代の風景ではなく、現代からほんの少しの過去を振りかえった私の偽らざる思いです。茅葺屋根、漆喰塗り・板張りの壁、格子の嵌った窓、障子があり縁側がある畳の間……、いまの住宅とは何から何まで違う木造住宅こそ、私が知っている木造住宅です。

なぜ、木造住宅の変化は止まらないのでしょう？　住宅の工業製品化によって……、新建材が次々と生まれるおかげで……、職人を大切にしなくなったから……、どれも正しい答えです。なぜなら、住宅とはそもそも居住者のライフスタイルを支えるために、その時代の最も廉価で入手しやすい材料を使い、なるべく簡易な工法を用いて、費用対効果の高い普遍的なかたちに収斂していくものだからです。

いま私たちが「伝統的」と呼んでいる建築物も、なにも初めから伝統的であろうとしたわけではありません。たんにその時代の最先端、その時代の経済のポテンシャルがあのような建築物を生み出しただけです。商業的な賑わいを見せた港町に成功者が建てた鯨御殿や鰊御殿、養蚕場を屋根裏にしつらえ大家族が同居した合掌造り、税金を抑えるために間口を狭く奥行きを深くした京町家など、個別具体的に進化・多様化した木造住宅は、すべてその時代の「当たり前」の住宅でした。現在の〝ツルツル・ピカピカ〟な住宅も、数世代後の世界からは伝統的と呼ばれるかもしれません。

同時に、住宅は時代や場所の社会資本や経済動向にも大きく左右されます。

茜が指摘したように、この数十年間に新築された木造住宅がどれも同じように見えるのは、日本各地で個々人のライフスタイルや経済事情が平準化したためともいえます。いまや住宅は、じっくり時間をかけ何世代にもわたり維持していくものではなく、働き盛りの世代がニュータウンの新興住宅開発地に住宅ローンを組んで世代ごとに新築するという考えが支配的です。見方を変えれば、家づくりに付随する住宅ローンという巨大な仕組みこそが、いまの日本の金融制度の一部を担っているともいえます。耐震等級や省エネ等級といった定量化・数値化できる性能が一般にも求められ、建て主たちがメンテナンスフリーで汚れにくい素材を選びたがるのは、住宅に金融的価値を担保できる性能が問われるようになった、経済というバックグラウンドの影響を抜きに語ることはできません。

時代や場所が変われば、住宅も変わるのが当然なのです。

ただ現在のように、大手ハウスメーカーの商品化住宅が隆盛を極め、家づくりの仕組みや素材が根底から変わりつつある時代にあっても、家づくりに携わる職人さんたちのチームワークや業者間の連携、これらがなければ木造住宅は一棟も建ちません。地域に密着した仕事であるという点も、時代がどれだけ変わろうとも変わらない部分です。

本作の読者は、建築に携わってまだ日の浅い人、あるいはこれから木造住宅を建てようとしている一般の人が多いでしょうが、住宅の出来不出来を左右するのは、結局は施工する職人さんたちの腕、仲間たちとの連携、彼らをまとめる親方、現場監督の力量だという大前提を忘れないでほしいと思います。そう、檜甚五郎率いる檜工務店のように、活気あふれる会社や職人さんたちがいて初めて、木造住宅の現場は（あらゆる建築の現場は）成り立っているのです。

とはいうものの、扱いやすい材料、簡便な工法、数値ばかりを追い求める業界の風潮が、このところ、家づくりの現場に欠かせない「熱」を奪い取り、職人さんたちの技やアイデア、チームの連携や地域密着さえも薄く、弱くし始めているのも事実です。茜（そして私）が現在の木造住宅にもつ違和感を最後までぬぐいきれないのは、変化をつづける木造住宅の世界で唯一変わらないと信じていた（変わってほしくないと願っていた）部分までもが、どうやら変わりつつある時代に入ってきたという思いに、なんとなく折り合いがつけられないからなのかもしれません。いや、それすらも、時代や経済の反映として静かに受け入れざるを得ないのでしょうか。

その時代の変化の中で最大のものが、少子高齢化による熟練職人の引退や事業者の廃業です。すでに多くの建設現場を支えているのが70代以上の方々です。本作品の甚五郎や哲さんらの世代です。彼らはその技術知識を買われ人手不足の中、ギリギリまで現役で頑張ってくれていますが、その世代が間もなく完全リタイアしてしまいます。その前に次の世代になんとか木造建築の技術継承をしてもらいたい、というのが本書に込めたもう一つの思いです。同時に、男性だけの職場と思われていた住宅工事の現場にこれからは、どんどん女性が進出し楽しく働いてくれることを夢見て、白鳥茜というちょっとお茶目で一本気な主人公を創作したのです。

（建築エコノミスト）

原作　森山高至（moriyama takashi ）

建築エコノミスト、一級建築士。
1965年岡山県生まれ。早稲田大学理工学部建築学科卒業、同大学大学院政治経済学部修了。建築設計事務所を運営し、これまでかかわった建物は1,000件以上を数える。建築と経済に関するコンサルタントのかたわら、業界誌や一般誌における建築分野の論客として、その分かりやすい語り口に定評がある。サブカルチャー全般にも造詣が深く、特に近年はマンガ評論やマンガ原作に注力している。テレビ・ラジオ番組のコメンテーターとしても活躍。主な著書に、『マンガ建築考──もしマンガ・アニメの建物を本当に建てたら』（2011年・技術評論社）。

漫画　高村しづ（takamura shizu ）

埼玉県出身。
武蔵野美術大学造形学部油絵科卒業後、アミューズメントメディア総合学院にて本格的に漫画を描き始める。2007年「口裂け女 Comic from the movie」（富士見書房）でデビュー。「ジョーカーゲーム」全2巻（竹書房）、漫画教本への漫画・イラスト寄稿など、多方面で活躍中。

建築の仕組みが見える07
マンガでわかる
木造住宅

2025年3月31日　初版第1刷発行

原作	森山高至
漫画	高村しづ
発行者	三輪浩之
発行所	株式会社エクスナレッジ

〒106-0032
東京都港区六本木7-2-26
https://www.xknowledge.co.jp/

問合せ先　編集　Tel：03-3403-1381
　　　　　　　　Fax：03-3403-1345
　　　　　　　　info@xknowledge.co.jp
　　　　　　販売　Tel：03-3403-1321
　　　　　　　　Fax：03-3403-1829

無断転載の禁止
本書掲載記事（本文、写真、図表、イラストなど）を当社および著作権者等の承諾なしに無断で転載（翻訳、複写、データベースの入力、インターネットでの掲載など）することを禁じます。